陸奥国

古代・中世史解明

山田久夫
HISAO YAMADA

幻冬舎 MC

陸奥国古代・中世史解明

目次

はじめに

陸奥国古代・中世史料を解釈するためには陸奥国衙《こくが》所在地を明らかにする必要がある。通説は宮城県多賀城市の多賀城碑出土地が陸奥国府跡とされている。(1)

しかし、国府とは広辞苑によれば、国府に「ア、令制で、一国ごとに置かれた国司の役所。国衙。イ、国衙の所在地。府中。」とあり、国府には国衙の所在地と云う意味が含まれる。

続日本紀によれば、多賀、多賀柵、多賀城は賀美郡部内の城柵であり国衙、国府ではない。

陸奥国は養老二年五月二日（718年）に「割陸奥国之石城。標葉。行方。宇太。日理。常陸国之菊多六郡。置石城国。割白河。石背。会津。安積。信夫五郡。置石背国。割常陸国多珂郡之郷二百一十煙。名曰菊多郡。属石城国焉。」

陸奥国を石城国、石背国に割くとあるが、石城国、石背国、陸奥国の三国に割くと記されていない。

また、陸奥国を石城国と石背国に割く案は同じ年月に分割を停止している。

養老二年五月二日［略紀］718年。「停㆓石背磐城国㆒安㆓陸奥国㆒、」

陸奥国分割案は即日、停止された。ただし、養老三年閏七月二十一日。石城国始置駅家一十処。とあるが、以後、石城国、石背国は続日本紀中に見られず分割は停止されたと考えられる。

六国史全文中を多賀、多賀柵、多賀城それぞれの語句で検索した。多賀は名取以南十四郡から遠く離れた場所であり、多賀柵は出羽国雄勝村から百六十里の場所で、賀美郡部内の柵でと記されていた。

多賀城の初出は宝亀十一年三月二十二日「陸奥国上治郡大領外従五位下伊治公呰麻呂反。率徒衆殺按察使参議従四位下紀朝臣広純於伊治城。（中略）至是呰麻呂自為内応。唱誘俘軍而反。先殺大楯。率衆囲按察使広純。攻而害之。独呼介大伴宿禰真綱開囲一角而出。護送多賀城。其城久年国司治所兵器糧蓄不可勝計。城下百姓競入欲保城中。而介真綱。掾石川浄足。潜出後門而走。百姓遂無所拠。一時散去。後数日。賊徒乃至。争取府庫之物。尽重而去。其所遺者放火而焼焉。」

伊治城の乱で、国司等は多賀城へ避難したが、そこに兵器や軍粮《ぐんりょう》の蓄えがなく、多賀城からも逃げだし国府へ帰った。「城下百姓競入欲保城中。」城下の百諸はなにゆえに城を保とうと競って入ったのだろう。その答えは縁辺諸郡人居条（令義解）に記されていた。

『凡縁二東辺北辺西辺一諸郡人居、皆於二城堡内一安置、其営田之所、唯置二庄舎一、到二農時一、堪二営作一者、出就二庄田一、収斂訖、勒還、其城堡崩頽者、役二当処居戸一、随レ閑修理。』

多賀城は辺縁諸郡人が農閑期に居る城であり、城が壊れたなら居住人が修理する事になっていた。そのため、城下の百姓等が競って城に入り城を保とうとしたと解釈できる。

多賀城は陸奥国辺縁の城柵で、名取以南十四郡から離れた賀美郡部内の城柵である。従って、多賀城碑出土地は名取郡近くであるから、続日本紀に記されている多賀城跡ではない。

多賀城碑文に『此城神龜元年歳次甲子按察使兼鎮守將軍従四位上勳四等大野朝臣東人之所置』と記されているが、続日本紀に『天平三年正月廿七日［補任天平十一年・続記」７３１年　参議従四位上大野朝臣東人、天平三年正月日従四上、官至陸奥出羽按察使兼大養徳守。』とあり、大野東人は神亀元年（７２４年）に按察使に任じられておらず、多賀城碑文に虚偽が記されている。文献上から多賀城碑は偽物であり、碑出土地は多賀城跡ではない。

もし、多賀城碑出土地が多賀城跡であるなら、栗原郡から多賀城碑出土地まで直線距離で約五十キロメートル程度ある。当時の一日の行程は約八十里（約四十キロメートル）程度であるから、伊治城から一日以上の行程の場所に怪我人を搬送したことになり宝亀十一年呰麻呂反の文意と合わない。

また、弘仁六年八月廿三日［三代格　十八］815年の太政官符「一分レ番令レ守二城塞一事」によれば多賀城は北辺の城塞の一つで十字路（国府〜胆澤城を結ぶ道と桃生城と出羽国雄勝城を結ぶ道の交差部）の場所にあったことが記されている。(2)
①六国史上、多賀城は辺縁の城塞の一つで陸奥国衙ではないことが明記されている。
②賀美郡部内の多賀城改修碑と思われるものが名取郡近くで江戸時代に発見されたこと。
③神亀元年に大野東人は按察使や鎮守将軍に任じられておらず虚偽が記されている。
この三点から多賀城碑は偽物と考えられ、現多賀城市の遺跡は多賀城跡ではないと考えられる。

多賀城碑は江戸時代に発見され、それを根拠に多賀城を鎮守府、国府と強弁したと考えられる。

陸奥守が征夷大将軍を兼任する場合があり、古代陸奥国府（多賀城）は伊達陸奥守の居館近くにあったと吹聴し、伊達陸奥守の権威誇示することにより、徳川征夷大将軍に精神的威圧をかけるねらいがあった。

然らば、古代・中世陸奥国衙は何処にあったのだろうか。その謎を解く鍵が「三代格六・逸史・類史八四」大同五年五月十三日の太政官符「一應レ春ニ運按察使幷国司鎮官年粮一事」にあった。

按察使ならびに国司、鎮官の年粮に陸奥国信夫以南遠郡（陸奥国南端諸郡）の稲が宛てられ、そこから、国司や鎮官の公廨《くがい》（役所。官庁。）まで運ぶ必要があったが、運送賃は国司や鎮官の年粮が用いられ、官員の年粮は目減りする。藤原緒嗣は国司の役所、鎮官の役所まで年粮を運ぶ里程を測り運労賃加給の願いが認められた文書である。陸奥国南端諸郡から国府（国衙の所在地）までの里程と賃官の役所（鎮守府）までの里程が具体的な数値情報で記されていた。

天平九年に大野人が多賀柵〜色麻柵〜（八十里）出羽国玉野〜（八十里）比羅保許山〜（五十里）雄勝村を経由し多賀柵（百六十里）へめぐり還った時の行程を地形図で確認すると、一里は約五百メートル程度である。（古代の一里は約５３３・５ｍと推定されているが簡単のため５００ｍとした。）

太政官符に記された里程を地形図上に展開し陸奥国府と鎮官府の所在地を推定する。

Ⅰ　太政官符の里程より陸奥国府（国衙の所在地）を推定

大同五年五月十三日　［三代格六・逸史・類史八四］　８１０年
太政官符
一應レ春二運按察使幷国司鎮官年粮一事
右得二東山道観察使正四位下兼行陸奥出羽按察使藤原朝臣緒嗣解一称、
陸奥国、元来国司鎮官等各以二公廨一作レ差、令レ春二米四千余斛一雇レ人運送、以宛二
年粮一、雖二因循年久一、
於レ法無レ拠、然辺要之事頗異二中国一、
何者刈田以北近郡稲支二軍粮一、信夫以南遠郡稲給二公廨一、計二其行程一、於二国
府一二三百里、於二城柵一七八百里、事力之力不レ可二春運一、若勘当停止、必致二飢餓一、
請給二春運功一為レ例行レ之者、依レ請、
一応レ加二給担夫運粮賃乗一事
右同前解称、太政官去大同元年十月十八日符称、陸奥出羽按察使起請称、
計二陸路程一、給二運粮賃一、而国司等候二海晏隟一、時用二船漕一、儻有二漂損一、
国司塡償、得二平達一者、賃料頗遺、若事覚被二勘問一者、恐致二罪於遣賃一、望請、不レ二

遣賃一勿レ免二浮損一者、右大臣宣、
奉レ勅、依レ請者、皆疲二運粮一、請補二彼年中漂損一之外、所レ遣賃乗加二給担夫一、
以済二窮弊一者、依レ請、
以前二右大臣宣一称、奉レ勅、如レ右、

按察使ならびに国司、鎮官の年粮を舂《うすづ》き運ぶ件に応える。

東山道観察使正四位下兼行陸奥出羽按察使の上申書は次のようにとなえる。

陸奥国は元来、国司、鎮官等おのおの離れた所に公廨（役所）を作った。年粮の米四千斛《ごく》を舂き運ぶため人を雇う。その費用は国司等の年粮が用いられる。長年の慣習といえども、法の定めによるものではない。陸奥国は中国（都に近い國）とすこぶる事情が異なります。

なぜなら、刈田郡以北の国府に近い郡の稲は軍粮を支え、信夫より南の遠い郡の稲は公廨（役所）に給され官員の年粮にも宛てられます。（信夫以南遠郡は陸奥国南端の郡である）

陸奥国南端部から年粮を運ぶ行程を国府の役人が測りました。陸奥国南端部から国府までの行程は二三百里（約１００～１５０Ｋｍ）。城柵（鎮官の役所）までの行程は七八百里（約３５０～４００Ｋｍ）。事力（国衙の官人に支給される労働力）で舂き運ぶ

ことはできません。もし、勘案し時を遅らせるなら官員は必ず飢餓に苦しむでしょう。春き運ぶ労力（運労賃）を、お認めいただき、恒例とされることを請願います。

　請いに依り、担夫運粮賃を上乗せ加給する（後略）

　信夫以南遠郡は陸奥国南端部の諸郡をさし、そこから陸奥国府までの里程は二三百里（１００～１５０Ｋｍ）と記され、地形図上の距離とほぼ合致する。従って、国衙の所在地（国府）は信夫郡と考えられた。

　信夫以南遠郡陸奥国南端部の諸郡から城柵（鎮官の公廨）まで七八百里（３５０～４００Ｋｍ）であり、地形図上のその付近に志波城跡がある。

　ただし、地形図上の志波城跡と徳丹城跡は逆と考えられるが七八百里の里程から見れば誤差範囲である。

　多賀城国府説主張者は「信夫以南遠郡」を多賀国府から見て遠い信夫郡までが二三百里であり、多賀城が国府であった証拠と主張される。しかし、信夫郡から志波城までの里程が七八百里（３５０～４００Ｋｍ）では、最北の志波城までの里程を１００～１５０Ｋｍ超過してしまう。最北の志波城を１００～１５０Ｋｍ越えた場所に鎮官府があったことになり文意に合致しない。したがって、「信夫以南遠郡」の解釈は文字通り、信夫郡より南の遠い郡であり、陸奥国南端部の諸郡と解釈できる。

この太政官符から陸奥国衙の所在地は信夫郡であったと言える。国衙の所在地は南北朝動乱期には府中と呼ばれた。

鎮官府は志波城から徳丹城に移ったが、弘仁六年に鎮兵は停止され、鎮官（鎮守将軍）府は、宝亀十一年に征東使が作った宮代（宮城）の軍所へ戻ったと考えられる。

古代陸奥国府は信夫郡と伊達郡を合わせた領域である。国府を荒蝦夷から守るため、信夫郡（国府）を割き伊達郡が建てられた。

陸奥国衙の所在地（国府）が信夫郡であったことを前提に六国史等の解読を行う。陸奥国衙の所在地（国府）を特定した上で史料を解釈すると、古代陸奥国の風景が蘇った如く目に浮かんでくる。地名、地勢等を地形図で確認していただきたいと思います。

史料上の地名・里程計測検索は（ＺＥＮＲＩＮ　いつもＮＡＶＩ　ＰＣ版）、海抜、地勢の確認は地理院地図（電子国土Ｗｅｂ版）を用いた。

Ⅱ　多賀城碑の検証

多賀城碑

『西　多賀城　去京一千五百里　去蝦夷國界一百廿里　去常陸國界四百十二里　去下野國界二百七十四里　去靺鞨國界三千里此城神龜元年歳次甲子按察使兼鎮守將軍從四位上勳四等大野朝臣東人之所置也天平寶字六年歳次壬寅參議東海東山節度使從四位上仁部省卿兼按察使鎮守將軍藤原惠美朝臣朝獦修造也　天平寶字六年十二月一日』(3)

多賀城修造記念碑であるならば、改修理由を記すべきであるが、意味不明な里程を記すばかりである。

大野東人が多賀柵に最初に行ったのは天平九年で神亀元年より七年後である。しかも、多賀柵は賀美郡部内の柵であった。続日本紀に多賀城が初出するのは宝亀十一年（780年）で神亀元年より五十六年後である。

また、大野東人の経歴を続日本紀で確かめると、神亀元年に大野東人は按察使や鎮守将軍に任ぜられていない。

神亀元年に大野東人が海道蝦夷征伐に行った事は確かであるが、按察使や鎮守将軍に任じられていない。

以二式部卿正四位上藤原朝臣宇合一為二持節大将軍一。宮内大輔従五位上高橋朝臣安麻呂　為二副将軍一。判官八人、主典八人。為レ征二海道蝦夷一也。

神亀元年十一月二十九日　［続紀・機略］　７２４年

征夷持節大使正四位上藤原朝臣宇合、鎮狄将軍従五位小野朝臣牛養等来帰。

神亀二年閏正月廿二日　［続記・紀略］　７２５年

天皇臨レ朝、詔叙二征夷将軍已下一千六百九十六人勲位一各有レ差、授二正四位上藤原朝臣宇合従三位勲二等、従五位大野朝臣東人従四位下勲四等、従五位上高橋朝臣安麻呂正五位下勲五等（以下略）

天平元年九月十四日　［続記］　７２９年

陸奥鎮守将軍従四位下大野朝臣東人等言、在レ鎮兵人勤功可レ録、請、授二官位一、勧二後人一。勅、宣三一列卅人各進二二級一。二列七十四人各一級。三列九十六人各布十常。

天平九年に鎮守将軍に任じられていたことは確かである。しかし、神亀元年に鎮守将軍であった証拠はない。

天平三年正月廿七日　［補任天平十一年・続記］　７３１年

参議従四位上大野朝臣東人、天平三年正月日従四上、官至陸奥出羽按察使兼大養徳守、天平三年に陸奥出羽按察使の官に至ったとあり、神亀元年以前に按察使に任じられていないことは確かである。

神亀元年から七年後に陸奥出羽按察使に任じられており、多賀城碑文に時系列的錯誤があり偽物と考えられる。

多賀城市埋蔵文化財調査センターによれば『1963年から多賀城跡の発掘調査が始まり、「天平宝字六年」（762年）に改修があったことが判明した。この改修は、碑文にのみ記載があり、他の文献には一切なかったため、碑文の見直しが始まった（以下略）』

しかし、続日本紀に陸奥城柵修理に関する記録は存在する。多賀城市埋蔵文化財調査センターでは、発掘調査に専念し文献調査は疎かである。それ故、神亀元年に大野東人が按察使に任じられていないことさえ知らないのである。

天平神護元年（七六六）〇夏四月壬辰。大宰府言。防賊戍辺。本資東国之軍。持衆宣威。非是筑紫之兵。今割筑前等六国兵士、以為防人。以其所遺、分番上下。人非勇健。防守難済。望請。東国防人、依旧配戍。勅。修理陸奥城柵。多興東国力役。事須彼此通融、各得其宜。今聞。東国防人多留筑紫。宜加検括。且以配戍。即随其数、簡却六国所点防人。具状奏来。計其所欠。差点東人。以填三千。斯乃東国労軽。西辺兵足。

続日本紀に陸奥城柵修理（修造）の理由が記されている。東国の兵士を筑紫の防人に宛てるため、陸奥国の城柵の防御を修理強化した。

多賀城碑文以外に城柵修理の記録が存在しないとする主張は誤りである。

多賀城碑文に「西」の文字は不明とされているが、多賀城は西郭とも呼称されていた。

宝亀五年七月廿五日　［続紀］　774年陸奥国言、海道蝦夷、忽発二徒衆一、焚レ橋塞レ道、既絶二往来一。侵二桃生城一、敗二其西郭一。鎮守之兵、勢不レ能レ支。国司量レ事、興レ軍討レ之。但未レ知三其相戦而所二殺傷一。

多賀城は陸奥国府（信夫郡）と伊治城を結ぶ道路に桃生城と出羽国雄勝城を結ぶ道路が交差する所に在った城であるから、桃生城から見ると西の城郭であり、それ故、西郭の西の文字を碑文に付け加えたと推測される。

いずれにせよ、大野東人は天平三年（731年）以前の神亀元年（724年）に按察使に任じられておらず碑文は虚偽を記している。多賀城碑文作者は史書に詳しく地理に疎い人物で、何処に多賀城碑が置かれるかを知らずに書いたと考えられる。

Ⅲ　多賀城の所在地を検証

多賀柵、多賀城は多賀という地名に由来した城柵名と考えられる。
多賀は何処にあったのだろうか。

延暦四年四月七日　［続紀］　（785年）
中納言従三位兼春宮大夫陸奥按察使鎮守府将軍大伴宿禰家持等言、
名取以南一十四郡、僻在㆓山海㆒、去㆑塞懸遠、属㆑有㆓徴発㆒、不㆑会㆓機急㆒由㆑
是権置ニ多賀、階上二郡㆒、（後略）

名取以南十四郡（石城六郡＋石背五郡＋刈田＋柴田＋名取＝十四郡）から遠く離れた所に多賀はあった。

名取郡から離れた多賀にあった城塞ゆえに多賀城と呼ばれた。

つまり、多賀城は名取郡からも離れた場所にあったのである。

階上は青森県三戸階上と考えられる。階上《はしかみ》は国府（信夫郡）から400Kmの場所で、八世紀初頭から郡家を置く要望が出されていた。（続日本紀、霊亀元年十月廿九日の条参照、後に触れる。）

次の史料に多賀柵は加美郡部内の柵であることが記されている。

天平九年四月廿五日　［続紀］　７３７年

将軍東人従二多賀柵一発。四月一日、帥二使下判官従七位上紀朝臣武良士等及所レ委騎兵一百九十六人、鎮兵四百九十九人、当国兵五千人、帰服狄俘二百卌九人一、従二部内色麻柵一発。即日、到二出羽国大室駅一。出羽国守正六位下田辺史難波将二部内兵五百人帰服狄一百卌人一、在二此駅一相待。以二三日一、与二将軍東人一、共入二賊地一。且開レ道而行。但賊地雪深、馬芻難レ得。所以、雪消草生、方始発遣。同月十一日、将軍東人廻至二多賀柵一。自導二新開通道惣一百六十里一。或剋レ石伐レ樹或塡レ澗疏レ峰。従二加美郡一至二出羽国最上郡玉野一八十里、雖二惣是山野形勢険阻一、而人馬往還無二大艱難一。従二玉野一至二賊地比羅保許山一八十里、地勢平坦、無レ有二危嶮一。狄俘等曰、従二比羅保許山一至二雄勝村一五十里、其間亦平。唯有二両河一。毎レ至二水漲一、並用レ船渡。

四月一日、将軍大野東人は賀美郡、多賀柵を発ち、色麻柵経由で即日、出羽国大室駅に着いた。賊地は雪が深く馬の餌を得がたく、雪が消え草も生えたら兵士等を発ち遣し始めることにした。

同十一日、将軍東人は多賀柵に廻り至（還）った。自ら新道百六十里（約80Ｋｍ、雄勝村から多賀柵への新道）すべてを開いた。あるときは石をきざみ、樹を切り、あるときは、たにをうずめ、峯を切りひらいた、加美郡を起点に出羽国玉野に至る八十里（約40Ｋｍ）、すべてこの山野の形勢険しかったが、人馬の往還に大難が儀はなかった、玉野を起点に賊地比羅保許山に至る八十里（約40Ｋｍ）、地勢平坦、危険有らず、狄俘等曰、比羅保許山を起点に雄勝村に至る五十里（約25Ｋｍ）、その間は平たん、ただ両河があり、水が漲る毎に　船と共に渡る。

これらの地点名と地点間距離は地形図上の距離とほぼ一致する。地形図に比羅保許山は記されていないが、雄勝村～比羅保許山、比羅保許山～玉野の里程から比羅保許山は真室川町平岡付近と推定できる。

地形図上で雄勝村から百六十里（約80Ｋｍ）の所に多賀柵は在った。

雄勝から国道108号、国道47号経由で宮沢遺跡（多賀城）までの距離が大略80Ｋｍである。さらに現多賀城市まで40Ｋｍ（八十里）あり、多賀柵までの行程と合致しない。

（古代の通行路は谷筋に作られたと考えると山間部の国道も谷筋にあり、古代道路と行程はほぼ同じと考えた。）

両河（峠を境に二つの河がある。真室川、雄勝川）水がみなぎるときには、船を使い渡る。

地理院地図。奥羽本線院内トンネル付近に真室川と雄勝川の間を結ぶ旧道の痕跡があり、奥羽本線や国道13号線はトンネルで結んでいる。古代道は鉄道路線側にあったと考えられる。

　四月四日、軍屯㆓賊地比羅保許山㆒。先㆑是、田辺難波俑、雄勝村俘長等三人来降。拝首云、承聞、官軍欲㆑入㆓我村㆒、不㆑勝㆓危懼㆒。故来請㆑降者。東人曰、夫狄俘者、甚多㆓奸謀㆒。其言無㆑恒。不㆑可㆓輙信㆒。而重有㆓帰順之語㆒、仍共平章。難破議曰、発㆑軍入㆓賊地㆒者、為㆘教㆓喩狄俘㆒、築㆑城居㆖㆑民。非㆔必窮㆑兵残㆓害順服㆒。若不㆑許㆓其請㆒、凌圧直進者、俘等懼怨、遁㆓走山野㆒。労多功少。恐非㆓上策㆒。不㆑如。示㆓官軍之威㆒、従㆓此地㆒而返。然後、難破、訓以㆓福順㆒、懐以㆓寛恩㆒。然則、城郭易㆑守、人民永安者也、東人以為㆑然矣。又東人本計、早入㆓賊地㆒、耕種貯㆑穀、省㆓運㆑粮費㆒。而今春大雪、倍㆓於常年㆒。由㆑是、不㆑得㆔早入㆓耕種㆒。天時如㆑此。已違㆓元意㆒。其唯営㆓造城郭㆒、一朝可㆑成。而守㆑城以㆑人、存㆑人以㆑食。耕種失㆑候、将㆓何取給。且夫兵者、見㆑利則為、無㆑利則止。所以、引㆑軍而施、方待㆓後年㆒、始作㆓城郭㆒、但為㆔東人自入㆓賊地㆒、奏㆔請将軍鎮㆓多賀柵㆒。今新道既通、地形親視。至㆓後年㆒、雖㆑不㆓自入㆒、可㆓以成㆒㆑事者。臣麻呂等愚昧、不㆑明㆓事機㆒。但東人久将㆓辺要㆒、尠㆓謀不㆒㆑中。加以、親臨㆓賊境㆒、察㆓其形勢㆒、深思遠慮、量定如㆑此。謹録㆓事状㆒、伏聴㆓勅裁㆒。但今間無㆑事、時属㆓農作㆒。所㆑発軍士、且放且奏。

東人が賊地に早く入ろうとしたわけは、土地を耕し作物を植え、粮を運ぶ労力を省くため、だが、今春の大雪は常年の倍である、それで、早く耕種できない、天時が此の如く、已に、元の計画と違った、その城郭営造だけなら　わずかな期間で成せる、だが、城を守るのは人、人が生きるためには食が必要　耕種の時機を失い　何を取り給す　かつ、いくさは利を見て行う　利なければ止める　ゆえに　軍を引き　施しをする　軍をだすのは後年まで待ち　城郭を造り始める　但し、東人は自ら賊地に入り、多賀柵を鎮める願いを奏上した。

今すでに新道が通った　地形を良く調べ　後年に至り　自ら入らずと雖も　城郭を作ることはできるという　臣麻呂等愚昧　時機をわきまえなかった　但し東人は久しく辺要の将、謀り事が当らないことが少ない　くわえ以て　賊境に臨み　その地勢を詳しく調べ　深く考え　遠い先々まで考える　量定とは此の如くだ　注意深く気を引き締め　出来事の詳細を書きのこせ　伏して勅裁を聴く

天平九年、大野東人が自ら賊地へ入らずとも、誰かが、後年に城郭を造る下準備を行った。

多賀や雄勝に城郭が造られるのは天平九年より後年であり、神亀元年に多賀から離れた名取郡近くに多賀城が存在する道理がない。

宝亀十一年三月廿二日［続紀・紀略］　780年

陸奥国上治郡大領外従五位下伊治公呰麻呂反、率二徒衆一殺二按察使参議従四位下紀朝臣広純於伊治城一、広純大納言兼中務卿正三位麻呂之孫、左衛門督従四位下宇美之子也、宝亀中出為二陸奥守一、尋転二按察使一、在レ職視レ事、見レ侮二幹済一、伊治呰麻呂、本是夷俘之種也、初縁レ事有レ嫌、而呰麻呂匿レ怨、陽媚二事之一、広純甚信用、殊不レ介レ意、又牡鹿郡大領道嶋大楯、毎凌二侮呰麻呂一、以二夷俘一遇焉、呰麻呂深銜レ之、時広純建レ議造二覚鱉柵一、以遠二戍候一、因率二俘軍一入、大楯呰麻呂並従、至レ是呰麻呂自為二内応一、唱二誘俘軍一而反、先殺二大楯一、率レ衆囲二按察使広純一、攻而害レ之、独呼二介大伴宿禰真綱一、開二囲一角一、護送二多賀城一、其城久年国司治所兵厳粮蓄不レ可二勝計一、城下百姓競入欲レ保二城中一、而介真綱、掾石川浄足、潜出二後門一而走、百姓遂無レ所レ拠、一時散去、後数日、賊徒乃至、争取二府庫之物一、尽レ重而去、其所レ遺者放火而焉、

伊治城（宮城県栗原郡）で広純等が覚鱉柵を造る相談するため、俘軍を率い遠い国境の陣屋に入った、大楯、呰麻呂を連れ従えていた、（中略）呰麻呂が俘軍に呼びかけ誘い叛逆する、先ず大楯を殺し、衆を率い按察使広純を囲み害し、一人、介大伴宿禰真綱を呼び、囲いの一角を開き、多賀城へ護送した。

多賀城は久しい間、国司の治める所で、兵器や軍粮の蓄えは厳しく制限され殆どなかった。

（宝亀五年（七七四）七月壬戌【廿五】》陸奥国言。海道蝦夷。忽発徒衆。焚橋塞道。既絶往来。侵桃生城。敗其西郭。鎮守之兵。勢不能支。）

海道蝦夷に西郭（多賀城）は敗れ、兵器や軍粮を置かなかった。そのため、覚鱉柵を作る計画会議を多賀城より北の伊治城で行った。

城下の百姓等は城を保とうと競って城内へ入った。しかし、介真綱、掾石川浄足等は潜に後門から逃げ出した。百姓等は遂によりどころを失い一時散り去った。数日の後、賊徒が来て、倉庫の物取りを繰り返し、残った所に火を放ち去った。

負傷者を伊治城から多賀城へ護送している事から伊治城と多賀城は比較的近い場所にあった証拠である。

賀美郡部内の多賀柵が多賀城に改修された。

伊治城から多賀城碑出土地までの里程は約百里（50Ｋｍ）ある。当時の一日の行程は約八十里（約40Ｋｍ）であるから文意と合致しない。

多賀柵（多賀城）を出羽国雄勝村から約80Ｋｍの宮沢遺跡(4)と仮定すると、栗原郡の伊治城からも十数キロメートルで文意と合致する。続日本紀に記された多賀城は宮沢遺跡と考えるのが妥当である。

多賀城（宮沢遺跡）は養老律縁辺諸郡人居条と合致する辺縁の城堡《じょうほ》。

養老律の縁辺諸郡人居条（令義解）

『凡縁㆓東辺北辺西辺㆒諸郡人居、皆於㆓城堡内㆒安置、其営田之所、唯置㆓庄舎㆒、到㆓農時㆒、堪㆓営作㆒者、出就㆓庄田㆒、収斂訖、勒還、其城堡崩頽者、役㆓当処居戸㆒、随㆑閑修理、』

凡そ、東辺、北辺、西辺の周辺部の諸郡人の居は皆城堡内に置く、辺縁諸郡人は営田の所に、庄舎を置く、農時に至れば、庄田に就き営作に堪え、収穫が終り　勒還、（強制的に還る）　城堡が壊れたたなら、その城堡内に居るものが、仕事の合間に修理すること、

『城下百姓競入欲㆑保㆓城中㆒』

城堡を保つため百姓等が競って城に入った。

宮沢遺跡は東西１４００ｍ・南北８５０ｍにも及ぶ。東北地方のこの種の遺跡の中では最大規模であること。周囲を築地・土塁・溝などで囲み、その内側には掘立柱建物や竪穴住居の跡があること。（指定文化財〈史跡〉(4)）

まさに、宮沢遺跡は縁辺諸郡人居条に記された北辺の城堡の造りである。

雄勝村からの里程も合致し、宮沢遺跡を多賀城跡と考えると里程や遺跡の構造が養老律縁辺諸郡人居条と合致する。

多賀城は北辺の城塞であることが次の史料にも記されている。

弘仁六年八月廿三日　〔三代格　十八〕　８１５年

太政官符「一分レ番令レ守二城塞一事」に「胆沢城七百人　兵士四百人　健士三百人　玉造塞三百人　兵士百人　健士二百人多賀城五百人　並　兵士右城塞等、四道集衢、制レ敵唯領、儻充二臣所一レ議、伏望、依レ件分配、以前奉レ勅、陸奥国司奏状如レ前、具任レ所レ請、逾勤二兵権一不レ可二簡略一、」

とあり、多賀城は辺縁の城塞の一つで、四道の集まる四つ辻の地にあり、国府と胆澤城を結ぶ道路と桃生城と出羽国雄勝城を結ぶ道路が交差する場所にあり、辺縁諸郡人が農閑期に居る城塞（城堡）の一つ。

また、藤原恵美朝臣朝獦等は多賀城を拠点に雄勝城や桃生柵を造ったと考えられる。雄勝城と桃生柵を結ぶ道路の間に多賀城はあった。

『天平宝字四年正月四日　〔続紀〕　７６０年

詔曰、尽レ命事レ君、忠臣至節。随レ労酬レ賞、聖主格言。昔先帝数降二明詔一、造二雄勝城一。其事難レ成、前将既困。然今陸奥国按察使兼鎮守将軍五位下藤原恵美朝臣朝獦等、教二導荒夷一、馴二従皇化一、不レ労二一戦一、造成既畢。又、於二陸奥国牡鹿郡一、跨二大河一凌二峻嶺一、作二桃生柵一、奪二賊肝胆一。眷言惟績。理応二褒昇一。宜下擢二朝獦一、特授中従四位下上。』

Ⅳ　宝亀五年の蝦夷叛乱の原因は天体異常現象に伴う異常気象（旱魃）と考えられる

宝亀三年（七七二）六月戊辰【十九】》〇戊辰。往往隕石於京師其大如柚子。数日乃止。

宝亀三年（七七二）十二月己未【十三】》〇己未。星隕如雨。（星が雨の如く落ちてきた。）


屋久杉の年輪中の炭素十四の分析から宝亀五年（774年）に通常の二十倍に炭素十四濃度が増加したことが名古屋大学の研究で判明している。

宝亀五年は天体異常現象にともなう異常気候で農作物が実らず、全国規模で飢饉が起きていたことが六国史に記録されている。（続日本紀宝亀五年条参照）

宝亀五年（七七四）正月丙辰【十六】》〇丙辰。宴五位已上於楊梅宮。饗出羽蝦夷俘囚於朝堂。叙位賜禄有差。

宝亀五年（七七四）正月庚申【二十】》〇庚申。詔停蝦夷俘囚入朝。

宝亀五年（七七四）二月壬午【十三】》〇壬午。京師飢。賑給之。「京師。首都。」

宝亀五年（七七四）二月己亥【三十】》〇己亥。尾張国飢。賑給之。

宝亀五年（七七四）三月癸卯【庚子朔四】》〇三月癸卯。讃岐国飢。賑給之。

宝亀五年（七七四）三月辛酉【廿二】》○辛酉。能登国飢。賑給之。

宝亀五年（七七四）四月己卯【己巳朔十一】》○夏四月己卯。勅曰。如聞。天下諸国疾疫者衆。雖加医療。猶未平復。朕君臨宇宙。子育黎元。興言念此。寤寐為労。其摩訶般若波羅蜜者。諸仏之母也。天子念之。則兵革災害不入国中。庶人念之。則疾疫癘鬼不入家内。思欲憑此慈悲。救彼短折。宜告天下諸国。不論男女老少。起坐行歩。咸令念誦摩訶般若波羅蜜。其文武百官向朝赴曹。道次之上。及公務之余。常必念誦。庶使陰陽叶序。寒温調気。国無疾疫之災。人遂天年之寿。普告遐邇。知朕意焉。

宝亀五年（七七四）四月甲午【廿六】》○甲午。近江国飢。賑給之。

宝亀五年（七七四）五月壬寅【四】》○壬寅。河内国飢。賑給之。

宝亀五年（七七四）六月辛巳【十四】》○辛巳。志摩国飢。賑給之。

宝亀五年（七七四）六月乙酉【十八】》○乙酉。伊予国飢。賑給之。

宝亀五年（七七四）六月丁亥【二十】》○丁亥。飛騨国飢。賑給之。

宝亀五年（七七四）七月辛丑【四】》○辛丑。若狭。土左二国飢。賑給之。

宝亀五年（七七四）七月丁巳【二十】》○丁巳。陸奥国行方郡災。焼穀穎二万五千四百余斛。

宝亀五年（七七四）七月戊午【廿一】》○戊午。尾張国飢。賑給之。

宝亀五年（七七四）七月庚申【廿三】》○庚申。以河内守従五位上紀朝臣広純為兼鎮守副将軍。勅陸奥国按察使兼守鎮守将軍正四位下大伴宿禰駿河麻呂等曰。将軍等。前日奏征夷便宜。以為。一者不可伐。一者必当伐。朕為其労民。且事含弘。今得将軍等奏。蠢彼蝦狄。不悛野心。屡侵辺境。敢拒王命。事不獲已。一依来奏。宜早発軍応時討滅。

宝亀五年（七七四）七月壬戌【廿五】》○壬戌。陸奥国言。海道蝦夷。忽発徒衆。焚橋塞道。既絶往来。侵桃生城。敗其西郭。鎮守之兵。勢不能支。国司量事。興軍討之。但未知其相戦而所殺傷。

宝亀五年（七七四）八月己巳【戊辰朔二】》○八月己巳。勅坂東八国曰。陸奥国如有告急。随国大小。差発援兵二千已下五百已上。且行且奏。務赴機要。

宝亀五年（七七四）八月辛卯【廿四】》○辛卯。先是。天皇依鎮守将軍等所請。令征蝦賊。至是更言。臣等計。賊所為。既是狗盗鼠窃。雖時有侵掠。而不致大害。今属茂草攻之。臣恐後悔無及。天皇以其軽論軍興首尾異計。下勅深譴責之。

宝亀五年（七七四）九月壬寅【六】》○壬寅。令天下諸国修造溝池。

宝亀五年（七七四）十月庚午【四】》○庚午。陸奥国遠山村者。地之険阻。夷俘所憑。歴代諸将。未嘗進討。而按察使大伴宿禰駿河麻呂等。直進撃之。覆其巣穴。遂使窮寇奔亡。降者相望。於是。遣使宣慰。賜以御服綵帛。

宝亀六年（七七五）二月甲戌【十一】》○甲戌。讃岐国飢。賑給之。

宝亀六年三月廿三日　〔続紀〕　775年

陸奥蝦賊騒動、自レ夏渉レ秋。民皆保レ塞、田疇荒廃。詔、復二当年課役・田租一。

【田疇】田のあぜ。また、田地。穀物の田と麻畑。耕地。【課役】律令制では課が調ちょう、役が庸ようと雑徭とを指す。ときに課に田租まで含める。【田租】律令制で、田地に課する租税。

この年、大気中の炭素14が増加したことが確認されている。異常気象を引き起こした原因で、774年、農作物転換政策に応じていた蝦夷等は農作物を収穫できず叛乱したものと考えられる。

宝亀六年九月十三日　〔続紀〕　775年

従五位上紀朝臣広純為二陸奥介一。鎮守副将軍如レ故。

宝亀六年十月十三日　〔続紀〕　775年

出羽国言、蝦夷余燼、猶未二平殄一。三年之間、請二鎮兵九百九十六人一。且鎮二要害一。且遷二国府一。勅、差二相摸・武蔵・上野・下野四国兵士一。

【殄】すべてがほろびる。絶えはてる。ほろぼしつくす。

既に、陸奥国海道蝦夷の叛乱が起きていたため、相摸・武蔵・上野・下野国に鎮兵派遣を依頼した。

出羽国言　蝦夷の余塵（比喩的に、事件などが一応片づいたあとでも、なお部分的に残っているもの。）を亡ぼし尽していない。三年の間、鎮兵九百九十六人を派遣してください。

要害を鎮め、鎮兵を要害から国府へ遷し待機させます。

天皇の命令　相摸・武蔵・上野・下野四国兵士を差し向けよ。

西暦774年宝亀五年に大気中炭素十四が異常増加し異常気象、旱魃で飢饉が起きた。陸奥・出羽の蝦夷は農耕推進政策に異を唱え同時多発的に各地で叛乱を起こした。陸奥・出羽国内の蝦夷が同時に叛乱したため陸奥国内からの派兵は無理であった。天皇は相摸・武蔵・上野・下野の四国兵士差遣を命じた。出羽国司は相摸・武蔵・上野・下野の諸国へそれぞれの国司へ鎮兵差遣の牒を駅（はやうま）で送った。

信夫郡は国衙の所在地、陸奥国府であることは既に述べた。西久保遺跡は国府内の駅逓（馬継）であったと推測される。駅逓内で下野国司宛の牒を誤って落と土中に埋もれたまま現在まで腐らずに残っていた。他の三国宛の牒は各国へ無事届けられたと考えられる。

流路跡は木簡の腐りにくい条件が整っていたと考えられる。

続日本紀　宝亀六年十月十三日の文言と符合する木簡の信夫郡出土は福島（信夫郡）の歴史解明に有用な史料となる。

全国初出土！「鎮兵」の二文字が書かれた古代の木簡

西久保遺跡出土の木簡（福島市ホームページ）

文字　「出羽国牒下野国司　鎮兵□□□之状□□□□」の十八文字
（出羽国、下野国司に牒す。鎮兵□□□の状□□□）

よみ　でわのくに、しもつけのこくしにちょうす。ちんぺい□□□のじょう□□□

内容　出羽国から下野国の国司あての、鎮兵にかかわる書状

年代　八世紀終わりから九世紀初頭（奈良時代末から平安時代の初頭）

寸法　長さ29・6㎝、幅2・5㎝、厚さ1・1㎝、樹種不明

西久保遺跡調査　現地説明会史料より引用

西久保遺跡では、福島西道路改築事業に伴う発掘調査を令和五年五月から実施しています。

今回の現地説明会は、周知の一環として実施するものです。

西久保遺跡は平石地区に位置しています。平石地区は古代官道（東山道）が字町畑、

吉治下のあたりに通じていたとされおり、古代において福島盆地への入るための交通の要所であったと考えられています。本遺跡は主に奈良・平安時代の遺跡で、東山道に近い立地のためか一般的な集落とは様相が異なり、方角を意識して配置された掘立柱建物遺跡や大型の掘立柱建物跡などの重要な施設のほか、流路跡から数多くの遺物が出土しています。

特に福島市では初となる木簡が流路跡から出土しました。（中略）

特に、「鎮兵」の文字が記されている木簡としては全国初の出土となりました。木簡は、「鎮兵」や「国司」などの文字が記されていることや、「出羽国」と「下野国司」とのやり取りが記されていることから、出土した木簡は公的文書であることが分かりました。（後略）

この木簡発見は新聞各社より報道されました。

宝亀六年（七七五）四月己巳【七】》○己巳。河内。摂津両国有鼠食五穀及草木。

宝亀六年（七七五）五月癸卯【十二】》○癸卯。備前国飢。賑給之。

宝亀六年（七七五）七月丙申【五】》○丙申。参河。信濃。丹後三国飢。並賑給之。

宝亀六年（七七五）七月丁未【十六】》○丁未。下野国言。都賀郡有黒鼠数百許。食草木之根数十里所。

宝亀六年（七七五）八月丙寅【壬戌朔五】》○八月丙寅。和泉国飢。賑給之。
宝亀六年（七七五）十月癸酉【十二】》○癸酉。出羽国言。蝦夷余燼。猶未平殄。三年之間。請鎮兵九百九十六人。且鎮要害。且遷国府。勅差相摸。武蔵。上野。下野四国兵士発遣。
宝亀六年（七七五）十一月丙申【辛卯朔六】》○十一月丙申。遣使於五畿内。修造溝池。
宝亀六年（七七五）十一月乙巳【十五】》○乙巳。遣使於陸奥国宣詔。夷俘等忽発逆心。侵桃生城。鎮守将軍大伴宿禰駿河麻呂等。奉承朝委。不顧身命。討治叛賊。懐柔帰服。勤労之重。実合嘉尚。駿河麻呂已下一千七百九十余人。従其功勲加賜位階。授正四位下大伴宿禰駿河麻呂正四位上勲三等。従五位上紀朝臣広純正五位下勲五等。従六位上百済王俊哲勲六等。余各有差。其功卑不及叙勲者。賜物有差。
宝亀七年（七七六）二月甲子【己未朔六】》○二月甲子。陸奥国言。取来四月上旬。発軍士二万人。当伐山海二道賊。於是。勅出羽国。発軍士四千人。道自雄勝而伐其西辺。
宝亀七年（七七六）十月乙未【十一】》○乙未。陸奥国頻経征戦。百姓彫弊。免当年田租。是夜。有流星。其大如盆。
宝亀七年（七七六）十一月庚辰【廿六】》○庚辰。発陸奥軍三千人伐胆沢賊。
宝亀八年（七七七）二月癸卯【廿一】》○癸卯。讃岐国飢。賑給之。
宝亀八年（七七七）三月是月》是月。陸奥夷俘来降者。相望於道。

宝亀八年（七七七）五月乙亥【廿五】》○乙亥。仰相摸。武蔵。下総。下野。越後国。送甲二百領于出羽国鎮戍。

宝亀八年（七七七）五月丁丑【廿七】》○丁丑。陸奥守正五位下紀朝臣広純為兼按察使。

宝亀八年（七七七）六月癸卯【廿三】》○癸卯。隠伎国飢。賑給之。

宝亀八年（七七七）七月甲寅【五】》○甲寅。伯耆国飢。賑給之。

宝亀八年（七七七）九月癸亥【己酉朔十五】》○九月癸亥。陸奥国言。今年四月。挙国発軍。以討山海両賊。国中怱劇。百姓艱辛。望請復当年調庸并田租。以息百姓。許之。

宝亀八年（七七七）十二月癸卯【廿六】》○癸卯。出羽国蝦賊叛逆。官軍不利。損失器仗。

宝亀八年（七七七）是年》是冬。不雨。井水皆涸。出水宇治等川並可掲。

宝亀九年（七七八）六月庚子【丙子朔廿五】》○六月庚子。賜陸奥出羽国司已下。征戦有功者二千二百六十七人爵。授按察使正五位下勲五等紀朝臣広純従四位下勲四等。鎮守権副将軍従五位上勲七等佐伯宿禰久良麻呂正五位下勲五等。外正六位上吉弥侯伊佐西古。第二等伊治公呰麻呂並外従五位下。勲六等百済王俊哲勲五等。自余各有差。其不預賜爵者禄亦有差。戦死父子亦依例叙焉。

宝亀十年（七七九）七月庚寅【廿三】》○庚寅。駿河国飢。賑給之。

宝亀十年（七七九）九月癸巳【廿七】》○癸巳。勅陸奥出羽等国。用常陸調絁。相摸庸綿。陸奥税布。充渤海鉄利等禄。

宝亀十一年（七八〇）二月丁酉【二】》〇丁酉。陸奥国言。欲取船路伐撥遺賊。比年甚寒。其河已凍。不得通船。今賊来犯不已。故先可塞其寇道。仍須差発軍士三千人。取三四月雪消。雨水汎溢之時。直進賊地。因造覚鼈城。於是下勅曰。海道漸遠。来犯無便。山賊居近。伺隙来犯。遂不伐撥。其勢更強。宜造覚鼈城碍胆沢之地。両国之息莫大於斯。

（陸奥国言。船路をとり残存する賊を打ちたいと考えます、今年は寒さ甚だしく川が凍結し船を通わすことができません。しかし、今も賊の来襲が止まりません。ゆえに、先に賊の侵攻路を塞ぐべきと考えます。そこで軍士3000人を差し向け3、4月の雪が消え、川が雨水で溢れる時、直ちに賊地に進み、覚鼈《かくべつ》城を造ります。天皇が勅を下した。海道は少し遠く、来て犯した便りはない、山賊の居所は近くにある、隙を窺い来ては犯す、討伐をやり遂げていない、山賊の勢いは更に強くなる、覚鼈城碍を胆澤の地に作ることはもっともだ、両国の利益は莫大だ、）

宝亀十一年（七八〇）二月丙午【十二】》〇丙午。陸奥国言。去正月廿六日。賊入長岡焼百姓家。官軍追討彼此相殺。若今不早攻伐。恐来犯不止。請三月中旬発兵討賊。并造覚鼈城置兵鎮戍。勅曰。夫狼子野心。不顧恩義。敢恃険阻。屡犯辺境。兵雖凶器。事不獲止。宜発三千兵。以刈遺蘖。以滅余燼。凡軍機動静。以便宜随事。

陸奥国言。去る正月二十六日、賊が長岡（大崎市長岡は宮沢遺跡＝多賀城の近く）

に入り百姓家を焼きました、官軍追討で互いに死傷者がでた、もし、今すぐ攻め滅ぼさなければ、賊が襲い来ることは止まらない、三月中旬に討伐兵の派遣を請い、ならびに、覚鼈城を造り、鎮める兵を置いてください、勅曰。狼は子でも野心（人になつかず、人を襲う性質）がある、恩義を顧みず、敢えて険阻な所に住み、しばしば、辺境を犯す、兵は凶器といえども、捕らえ止められず、三千の兵を派遣する、以て遺蘖（のこりのひこばえ）を苅りとれ、以て、余燼（もえのこり）をなくせ、すべての軍動静を随時とどけよ、

宝亀十一年（七八〇）三月丁亥【廿二】》〇丁亥。陸奥国上治郡大領外従五位下伊治公呰麻呂反。率徒衆殺按察使参議従四位下紀朝臣広純於伊治城。広純大納言兼中務卿正三位麻呂之孫。左衛士督従四位下宇美之子也。宝亀中出為陸奥守。尋転按察使。在職視事。見称幹済。伊治呰麻呂。本是夷俘之種也。初縁事有嫌。而呰麻呂匿怨。陽媚事之。広純甚信用。殊不介意。又牡鹿郡大領道嶋大楯。毎凌侮呰麻呂。以夷俘遇焉。呰麻呂深銜之。時広純建議造覚鼈柵。以遠戍候。因率俘軍入。大楯呰麻呂並従。至是呰麻呂自為内応。唱誘俘軍而反。先殺大楯。率衆囲按察使広純。攻而害之。独呼介大伴宿禰真綱開囲一角而出。護送多賀城。其城久年国司治所兵器糧蓄不可勝計。城下百姓競入欲保城中。而介真綱。掾石川浄足。潜出後門而走。百姓遂無所拠。一時散去。後数日。賊徒乃至。争取府庫之物。尽重而去。其所遺者放火而焼焉。

宝亀十一年（七八〇）三月癸巳【廿八】》〇癸巳。以中納言従三位藤原朝臣継縄為征東大使。正五位上大伴宿禰益立。従五位上紀朝臣古佐美為副使。判官主典各四人。

宝亀十一年（七八〇）三月甲午【廿九】》〇甲午。以従五位下大伴宿禰真綱為陸奥鎮守副将軍。従五位上安倍朝臣家麻呂為出羽鎮狄将軍。軍監軍曹各二人。以征東副使正五位上大伴宿禰益立為兼陸奥守。

宝亀十一年（七八〇）五月己卯【十六】》〇己卯。勅曰。狂賊乱常。侵擾辺境。烽燧多虞。斥候失守。今遣征東使并鎮狄将軍。分道征討。期日会衆。事須文武尽謀。将帥竭力。苅夷姦軌。誅戮元凶。宜広募進士。早致軍所。若感激風雲。奮厲忠勇。情願自効。特録名貢。平定之後。擢以不次。

伊治公呰麻呂の乱と同調し常道に反し　国府の辺境に攻め入り乱し　虞を告げる狼煙が多く　斥候の守りを失った　今　征東使ならびに鎮狄将軍を遣わす　道を分け討ちに征き期日に軍衆を集める　文武を尽し謀る必要がある　将帥は力を尽し　苅夷の悪者の元凶を誅殺　広く一般から進士を募り　早く軍所に至らすべし　若し激しい前兆を感じたなら忠勇を奪い起こし　自らの効果の実情と名を記録　平定の後　異例に抜擢する

呰麻呂の乱の直後に苅田蝦夷の悪者が国府（信夫郡）の辺境に攻め入った事を記している。

この事実を指摘した歴史研究者は殆どいない。それ故、延暦八年に官軍敗績の場所を特定する先行研究は無かった。信夫郡と苅田郡の境界部で官軍は敗績したのである。但し、この時点では信夫郡を割いて伊達郡は置かれていない。

　宝亀五年正月に蝦夷が朝堂に招かれ位を叙され、禄を賜わっていた。ところが、四日後に天皇は蝦夷の入朝を停止し蝦夷対応を豹変させた。

宝亀五年（七七四）四月己卯【己巳朔十一】》○夏四月己卯。勅曰。如聞。天下諸国疾疫者衆。雖加医療。猶未平復。朕君臨宇宙。子育黎元。興言念此。寤寐（寝ても覚めても）為労。其摩訶般若波羅蜜者。諸仏之母也。天子念之。則兵革災害不入国中。庶人念之。則疾疫癘鬼不入家内。思欲憑此慈悲。救彼短折。宜告天下諸国。不論男女老少。起坐行歩。咸令念誦摩訶般若波羅蜜。其文武百官向朝赴曹。道次之上。及公務之余。常必念誦。庶使陰陽叶序。寒温調気。国無疾疫之災。人遂天年之寿。普告遐邇。知朕意焉。

　天体異常を天皇も認識していた証拠である。宇宙に君臨する天皇は「魔訶般若波羅蜜」と念じ唱えれば災害が国中へ入ることは無いと宗教を信じさせようとしていた。自然科学が発達していない時代であるから天皇は蝦夷質問に答えられず入朝を停止した。天体異常現象が全国規模の飢饉を引き起こしていたことは宝亀五年から六年の飢饉の発生状況で判る。

蝦夷は殺生を禁じられ農耕が勧められていた。天候異常で農耕技術が未熟な蝦夷らは食糧が得られず狩猟採取回帰しはじめ、他地域からの移住と狩猟場改変に対し反発した。

宝亀年間初頭に桃生に入植した百姓等は安楽に暮らせると喜んでいた百姓さえも飢餓に苦しむ状態になった。

桃生城反乱は多賀城（宮沢遺跡）近くの長岡の百姓家を焼き西郭（多賀城）の兵士は敗れ、桃生城へ援兵を送ることもできなかった。

多賀城が敗れていたため、按察使や国司等は伊治城で覚鱉柵造作計画中に呰麻呂叛乱が起きた。

陸奥・出羽各地の俘囚等も農耕政策に反発し一斉に騒擾を起こした。苅田蝦夷も呼応して騒乱しはじめた。征東軍の苅田以北へ北上を妨害したため、征東軍は多賀城に集合するどころか、苅田郡にさえ入ることができず国府内で逗留し続けることになってしまった。

陸奥持節副将軍大伴宿禰益立等は五月八日の奏書は云う。あらかじめ、兵と粮を備えると共に、味方と共に国府（信夫郡）へ進み入った、その後、機会を伺い異変に乗じ、礼儀に叶った方法で逆賊を天誅すると云っていたが、既に二ヶ月が過ぎた、経過日から行程を推し量った、俘囚を捕らえるのを待っている、軍を出し賊を討つのは国の大事、進退動静の続を奏上せよ、どうして数十日間も消息が途絶えている、詳細を申せ、文書にできないなら軍監以下で弁が立つ者を、馬で馳せ申しあげさせよ。

逆賊が陸奥国府を侵犯することを危惧されたため苅田と国府の境界に防禦施設を設けた。（国見防塁）（信夫郡と伊達郡分割以前である。）


宝亀十一年（七八〇）六月辛酉【廿八】》○辛酉。勅陸奥持節副将軍大伴宿禰益立等。将軍等去五月八日奏書云。且備兵糧。且伺賊機。方以今月下旬進入国府。然後候機乗変。恭行天誅者。既経二月。計日准程。佇待献俘。其出軍討賊。国之大事。進退動静。続合奏聞。何経数旬絶無消息。宜申委曲。如書不尽意者。差軍監已下堪弁者一人。馳駅申上。

天平宝字四年（七六〇）正月丙寅
昔先帝数降明詔。造雄勝城。其事難成。前将既困。然今陸奥国按察使兼鎮守将軍正五位下藤原恵美朝臣朝猟等。教導荒夷。馴従皇化。不労一戦。造成既畢。又於陸奥国牡鹿郡。跨大河凌峻嶺。作桃生柵。奪賊肝胆。眷言惟績。理応褒昇。宜擢朝猟。特授従四位下。

大野東人が多賀柵と雄勝村を結ぶ新道を開き雄勝城を造る下準備をしたため朝猟は比較的簡単に事業を成し遂げられた。

多賀柵（多賀城）城下を流れる江合川と旧北上川合流部の東部に桃生柵が作られた。

多賀柵（城）を拠点に雄勝城と桃生柵が作られた。

『跨大河凌峻嶺』地形図上から大河（北上川）を凌ぐ峻嶺は和淵山（要害山）と神取山と推測される。

神護景雲三年（七六九）二月丙辰【十七】》〇丙辰。

勅。陸奥国桃生。伊治二城。営造已畢。厥土沃壌。其毛豊饒。宜令坂東八国。各募部下百姓。如有情好農桑、就彼地利者。則任願移徙。随便安置。法外優復。令民楽遷。

桃生や伊治は肥沃な土地で板東八国から百姓を募り移住させた。

神護景雲二年（七六八）十二月丙辰【十六】》〇丙辰。勅。

陸奥国管内及他国百姓。楽住伊治・桃生者。宜任情願。随到安置。依法給復。

天体異常現象が起きる前は伊治・桃生の百姓等は楽に住める良い土地であり陸奥国管内ならびに他国の百姓に移住を勧めていた。

ところが、天体異常に伴い、蝦夷の反乱が起きた。

宝亀五年（七七四）七月庚申【廿三】》〇庚申。以河内守従五位上紀朝臣広純為兼鎮守副将軍。勅陸奥国按察使兼守鎮守将軍正四位下大伴宿禰駿河麻呂等曰。将軍等。前日奏征夷便宜。以為。

一者不可伐。一者必当伐。朕為其労民。且事含弘。今得将軍等奏。蠢彼蝦狄。不悛野心。屡侵辺境。敢拒王命。事不獲已。一依来奏。宜早発軍応時討滅。

「不悛野心。敢拒王命」蝦夷は野心を改めず狩猟生活を続けようと、天皇の命令に背き農耕を拒んだ。

朝廷は仏教により狩猟等、殺生を忌み嫌い農耕文化を広めようとした。

宝亀五年（七七四）七月壬戌【廿五】》〇壬戌。

陸奥国言。海道蝦夷。忽発徒衆。焚橋塞道。既絶往来。侵桃生城。敗其西郭。鎮守之兵。勢不能支。国司量事。興軍討之。但未知其相戦而所殺傷。

陸奥国言、海道蝦夷が突然多くの仲間を発し、橋を燃やし、道を塞いだ、既に往来は途絶え、桃生城を侵掠《しんりゃく》した、桃生城の西にある多賀城も敗れ、鎮守の兵に桃生城を支える力は無かった、国司は事情を考え、軍を興し之を討つ、但し、其の戦の状態は未だわからない、「焚橋塞道。既絶往来。侵桃生城」焼かれた橋は現在の神取橋と考えられる。

宝亀五年の時点で多賀城の逆賊に侵されていた。そのため、宝亀十一年に覚鱉柵を造る計画を伊治城で行った。

宝亀五年七月廿五日　［続紀］　７７４年

勅二坂東八国一曰、陸奥国如有レ告レ急、随二国大小一、差二発援兵二千已下五百已上一、且行且奏、務赴二機要一。

宝亀五年八月二四日 〔続紀〕 774年

先レ是、天皇、依二鎮守将軍等所一レ請、令レ征二蝦賊一。至レ是更言、臣等計二賊所一レ為、既是狗盗鼠窃。雖三時有二侵掠一、而不レ致大害一。今属二茂草攻之。臣恐後悔無レ及。天皇以下其軽論二軍興一、首尾異上レ計、下レ勅、深譴責之。

全国規模で飢饉が起き、治水設備修造が行われた。

宝亀五年（七七四）九月壬寅【六】≫〇壬寅。令天下諸国修造溝池。

宝亀五年十月四日 〔続紀〕 774年

陸奥国遠山村者、地之険阻、夷俘所レ憑。歴代諸将、未二嘗進討一。而按察使大伴宿禰駿河麻呂等、直進撃レ之。覆二其巣穴一。遂使二窮寇奔亡、降者相望一。於レ是、遣レ使宣慰、賜以二御服・綵帛一。

『地之険阻、夷俘所レ憑』狩猟を生業とした蝦夷にとっては険阻な地は恰好な猟場であった。

宝亀六年（七七五）三月丙辰【廿三】》〇丙辰。陸奥蝦賊騒動。自夏渉秋。民皆保塞。田疇荒廃。詔復当年課役田租。

異常気象で田や畑、畦道までが荒廃し、蝦夷は騒動を起した。

宝亀五年から全国各地で天候異常に伴う飢饉が起きている。

全国各地の一般農民でさえ異常天候で飢饉に苦しむ状況であった。

宝亀十一年（七八〇）二月丁酉【二】》

陸奥国言。欲取船路伐撥遺賊。比年甚寒。其河已凍。不得通船。今賊来犯不已。故先可塞其寇道。仍須差発軍士三千人。取三四月雪消。雨水汎溢之時。直進賊地。因造覚鼈城。於是下勅曰。海道漸遠。来犯無便。山賊居近。伺隙来犯。遂不伐撥。其勢更強。宜造覚鼈城碍胆沢之地。両国之息莫大於斯。

これは宝亀五年「陸奥国言。海道蝦夷。忽発徒衆。焚橋塞道。既絶往来。侵桃生城。」桃生海道蝦夷討伐に船で行こうとしたが、河は凍り船が通れなかった。今、未だ賊は来ていない、故、先に侵入する敵の通り道を塞ぐ、仍《よ》って、雪が消える三四月の雨水で河が満ちあふれる時に兵三千人を発し、賊地にためらわず進み、覚鼈城は造り始める、勅、曰く、海道はやや遠い、来て犯す便りは無いが、山賊は近くに居る、隙を窺い来て犯す、賊を伐ちほろぼしていない、山賊の勢いは更に強い、覚鼈城碍は胆沢の地

に作った方が、両国のために良い、

『直進賊地。因造覚鼈城』桃生の賊を直撃するため覚鼈城碍を作る計画が立てられていた。

【鼈】の異字体が【鱉】で「すっぽん」カメの一種。

『胆沢之地』胆は膽《きも》の俗字。膽は人体の中心に安定している器官の意。

胆沢の地とは陸奥国北部中心部を流れる北上川流域全般を指し胆澤城跡付近のみが胆澤の地ではなく北上川（沢）流域が胆澤の地と呼称されていたと考えられる。

「欲取船路伐撥遺賊。比年甚寒。其河已凍。不得通船」

伊治城から迫川を使い北上川合流点近くに覚鼈城を造る計画であったが川が凍り付き船運できない。雪がとけ雨水が川の水量が増したとき、軍士三千人を発し、賊地直撃するための覚鼈城を造る。

「山賊居近。伺隙来犯。遂不伐撥。其勢更強。宜造覚鼈城碍胆沢之地」

山賊は近くに居る、隙を窺い来ては犯す、討伐を成し遂げていない、賊の勢いが更に強くなる、

覚鼈城碍は胆沢之地に作るべし、

桃生に近い山地の賊を討つための覚鼈城碍を胆沢の地に作るべし、桃生と多賀城（宮沢遺跡）に近い山地は遠田郡涌谷町黄金山一帯の山地と推測される。

宝亀十一年（七八〇）二月丙午【十二】》〇丙午。陸奥国言。去正月廿六日。賊入長岡焼百姓家。官軍追討彼此相殺。若今不早攻伐。恐来犯不止。請三月中旬発兵討賊。并造覚鼈城置兵鎮戍。

勅曰。夫狼子野心。不顧恩義。敢恃険阻。屡犯辺境。兵雖凶器。事不獲止。宜発三千兵。以刈遺蘖。以滅余燼。凡軍機動静。以便宜随事。

【蘖】（孫生ひこばえの意）伐った草木の根株から出た芽。またばえ。余蘖。

賊は宮沢遺跡（多賀城）近くの長岡と考えられる所の百姓家を焼き、恩義を顧みず、険阻な辺境へ屡々入り込む。覚鼈城置を造り鎮戍の兵を置き、賊の余燼をほろぼせ、

勅曰く。賊（蝦夷）は農耕社会になじまず、恩義も顧みず、あえて険しい所（狩猟採取に適した場所）をたよりにし、しばしば、辺境を犯す、兵は凶器といえども、件の賊をとらえていない　三千人の兵を発し、根こそぎ滅ぼせ、軍の動静を　随時、便りせよ

宝亀十一年（七八〇）三月丁亥【廿二】》陸奥国上治郡大領外従五位下伊治公呰麻呂反。率徒衆殺按察使参議従四位下紀朝臣広純於伊治城。広純大納言兼中務卿正三位麻呂之孫。左衛士督従四位下宇美之子也。宝亀中出為陸奥守。尋転按察使。在職視事。見称幹済。伊治呰麻呂。本是夷俘之種也。初縁事有嫌。而呰麻呂匿怨。陽媚事之。広純甚信用。殊不介意。又牡鹿郡大領道嶋大楯。毎凌侮呰麻呂。以夷俘遇焉。呰麻呂深銜之。

時広純建議造覚鼈柵。以遠戍候。因率俘軍入。大楯呰麻呂並従。至是呰麻呂自為内応。唱誘俘軍而反。先殺大楯。率衆囲按察使広純。攻而害之。独呼介大伴宿禰真綱開囲一角而出。護送多賀城。其城久年国司治所兵器糧蓄不可勝計。城下百姓競入欲保城中。而介真綱。掾石川浄足。潜出後門而走。百姓遂無所拠。一時散去。後数日。賊徒乃至。争取府庫之物。尽重而去。其所遺者放火而焼焉。

宝亀五年に桃生城の（西郭）多賀城は敗れ、長岡も侵掠されていたため伊治城で覚鼈柵を造る建議中に呰麻呂の反乱が起きた。

宝亀十一年（七八〇）三月癸巳【廿八】》以中納言従三位藤原朝臣継縄為征東大使。正五位上大伴宿禰益立。従五位上紀朝臣古佐美為副使。判官主典各四人。

宝亀十一年（七八〇）三月甲午【廿九】》以従五位下大伴宿禰真綱為陸奥鎮守副将軍。従五位上安倍朝臣家麻呂為出羽鎮狄将軍。軍監軍曹各二人。以征東副使正五位上大伴宿禰益立為兼陸奥守。

宝亀十一年（七八〇）四月戊戌授征東副使正五位上大伴宿禰益立従四位下。

宝亀十一年（七八〇）五月己卯【十六】》勅曰。狂賊乱常。侵擾辺境。烽燧多虞。斥候失守。

今遣征東使并鎮狄将軍。分道征討。期日会衆。事須文武尽謀。将帥竭力。苅夷姦軌。誅戮元凶。宜広募進士。早致軍所。若感激風雲。奮厲忠勇。情願自効。特録名貢。平定之後。擢以不次。

「狂賊乱常。侵擾辺境。烽燧多虞。斥候失守。」兇狂賊は辺境（国府との境）に迫りかき乱している、狼煙が多く人が恐れている　斥候の守りも失われ　今遣　征東使并鎮狄将軍　別々に分かれ征討に行き　期日に集合、文武を尽して計画せよ、軍隊を率いる大将はある限りの力をだせ、苅田蝦夷は悪者、元凶を誅殺せよ、広く進士を募り早く軍所を作れ　若し激風雲を感じたなら忠勇を奮い立たせよ　自ら励み効を願う者あれば、特にその者の名を記録し賊の平定後に抜擢する

三月に呰麻呂が叛乱、五月に狂賊は苅田郡南端の国府の境まで押し寄せ騒いでいる。宝亀六年の「陸奥蝦賊騒動、自レ夏渉レ秋。民皆保レ塞、田疇荒廃。」この異常気候を契機に農耕生活に異を唱えた俘囚等が騒ぎ出した。宝亀六年は日本全国各地の農耕栽培先進地でも飢饉が起きている。異常気象が発生していた証拠である。

宝亀十一年六月八日　［続紀］　７８０年

従五位上百済王俊哲為陸奥鎮守副将軍。従五位下多治比真人宇佐美為陸奥介。

宝亀十一年六月廿八日　［続紀］　780年

勅二陸奥持節副将軍大伴宿禰益立等一、将軍等去五月八日奏書云、且備二兵粮一、且伺二賊機一、方以二今月下旬一進入二国府一、然後候レ機乗レ変、恭行二天誅一者、既経二二月一、計レ日准レ程、佇待レ献レ俘、其出レ軍討レ賊、国之大事、進退動静、続合二奏聞一、何経二数旬一絶無二消息一、宣レ申委曲一、如書不レ尽レ意者、差二軍監已下堪レ弁者一人一、馳レ駅申上、

将軍等の五月八日の奏上書は云う　まさに兵粮を備え　さらに賊の様子を窺い　将軍等は今月下旬に国府へ進み入った　その後、機会を窺い　変に乗じ　天誅をつつしんで行なうといえり　既に二ヶ月が過ぎた　日数を行程になぞらえ　俘囚献上を待ち侘びている　それは軍を出し賊を討つ事だ　これは国の大事　進退動静の続を　奏上せよ　なぜ　数十日経て消息が途絶えている　事情を詳しく申し宣べよ　書で思いを尽くせないなら　軍監以下で弁舌に堪えるもの一人を差し出し　馳駅で申し上げよ

将軍等が国府（信夫郡）へ進み入った後に消息を絶った理由は、苅田蝦夷に妨害され国府内に逗留していた事実の奏上を憚ったためと考えられる。

宝亀十一年七月廿二日〔続紀〕　780年

征東使請二襖四千領一、仰二東海東山諸国一、便造二送之一、勅曰、今為レ討二逆虜一、調二発坂東軍士一、限二来九月五日一、並赴二集陸奥国多賀城一、其所レ須軍粮、宜二申レ官送一、兵集有レ期、粮餽難レ継、仍量二路便近一割二下総国糒六千斛、常陸国一万斛一、限二来八月廿日以前一、運二輸軍所一、

征東使は襖四千領を願い求めた、それを東海東山諸国に造り送るよう仰せ付けた、今、逆虜を討つためなり、板東軍士を徴発し、来る九月五日までに、陸奥国に赴かせ多賀城に集合させよ、そこでは軍粮が必要だ、天皇は官送（国衙の役人に送らせる）を申しつけた、兵を集めるときに、粮を送る事は難しい、仍って、路便の遠近を考慮し、下総国六千斛、常陸国一万斛を割り当てる、来る八月廿日までに、軍所へ運輸せよ。軍所から多賀城への輸送は国衙の役人（官人）が良いだろう。

宝亀十一年十月廿九日〔続紀〕　780年

勅二征討使一、省二今月廿二日奏状一知、使等遅延既失二時宜一。将軍発赴久経二日月一、所レ集歩騎数万餘人。加以、入二賊地一期、上奏多レ度。計已発入、平二殄狂賊一。而今奏、今年不レ可二征討一者。夏称二草茂一、冬言二襖乏一。縦二横巧言一、遂成二稽留一。整レ兵設レ糧、将軍所レ為。而集兵レ之前、不レ加二弁備一、還云、未レ儲二城中之粮一者、

然則、何月何日、誅レ賊復レ城。方今将軍為レ賊被レ欺。所以緩怠致二此逗留一。又未レ及二建子一、足二以挙一レ兵。而乖二勅旨一、尚不レ肯レ入。人馬悉痩何以対レ敵、良将之策、豈如レ此乎、宜下加二教喩一、存レ意征討上。若以二今月一、不レ入二賊地一、宜下居二多賀・玉作等城一、能加二防禦一、兼練中戦術上。　【建子】十一月のこと【乖】垂れる。

天皇は征討使に仰せられた　今月二十二日の奏状を省みて知った　征討使等は遅延し機会をのがした　将軍は発ち赴き久しい日月が経った　集めた歩騎は数万余人　その上賊地入る時期　上奏のたびに　すでに発した人数をかぞえ　狂賊をすべて滅ぼし平らげた　しかし　今の奏状は　今年の征討は不可能という　夏は草が茂り　冬は武官の制服が足りないなど　言葉巧みに勝手気まま云い　遂に留まることになった　兵を整え糧も準備し　将軍所を作った　しかして　この兵を集める前に　出陣準備をしていない　還して云う　城中に粮いまだ備えずと言う　然らば則ち　何月何日に賊を討ち滅ぼし　城を取り戻すのか　現今　将軍は賊にだまされている　それで征討を怠り此所に逗留している　まだ十一月になっていない　兵を足し挙げ　しかして綸旨に背き　なお　賊地に入らない　人馬はことごとく痩せ　何を以て敵と対するのか　優れた将軍の策　このようで良いのだろうか　教え諭す征討の意思があることをはっきり言う　若し今月賊地に入らないなら　多賀・玉造城等に居て　防禦機能を加え　兼ねて戦術を練れ

将軍や国司等は皆麻呂の叛乱に呼応した俘囚等が陸奥支配の拠点の国府境界部の苅

田蝦夷までがさわぎだしたことを天皇に正直に奏上しなかった。そのため天皇は実態を知らず、多賀・玉作等城の防御能を高め、戦術を練れと申し下した。呰麻呂反の時に国司等が多賀城から逃げ出したため、国司等は多賀城近くまで行き対峙していると勘違いされた。国司等は国府（信夫郡）へ逃げ帰り、援軍と共に逆賊征伐に向かおうとするが、苅田蝦夷等も騒ぎ征東軍の北上を妨害した。

　国府と刈田郡の境界部は東北自動車道国見パーキング付近「馬ノ墓」～光明寺東越山～伊具郡大高丸の一帯に逆賊が要害を築いた。阿武隈川西岸部、伊具～苅田の山中部に逆賊が集結し征東軍侵攻妨害していたと考えられる。逆賊の帥は夷大墓公阿弖流為、磐具公母禮である。

｛『国見町史』４六八〇頁｝「光明寺村誌」「東越山ノ頂ニ古城址在リ、山ヲ削リテ塁ト為シ、山ヲ鑿チテ塹ト為ス、塁石頽レ諸処塹中ニ落ツ、塹或ハ二重或ハ三重ニ設ク、」という記述がある。

　東越山は、高寺山との間にもいくつか土塁・濠状のものがある。東越山（あずこしやま）を東鏡文治五年八月の条では「阿津賀志山」と万葉仮名風に記す。東越山の呰跡は藤原泰衡が作ったものではなく、宝亀十一年に阿弖流為や母禮等逆賊が作った呰遺跡である。

ゼンリン「いつもＮＡＶＩ」有料版。国見町光明寺東越山近傍の大道という地名は古道の名残である。

宝亀十一年十二月十日［続紀］７８０年

征討使奏言、蠢茲蝦虜、寔繁有レ徒、或巧レ言逋レ誅、或窺レ隙肆レ毒。是以遣二二千兵一、経二略鷲座・楯座・石沢・大菅屋・柳沢等五道一、斬レ木塞レ径、深レ溝作レ険、以断二逆賊首鼠之要害一者。於レ是、勅曰、如聞、出羽国大室塞等、亦是賊之要害也。

逆賊は隙をついて国府（信夫郡）を勝手きままに害す。そのため、征東使は兵二千人を遣わし鷲座、楯座、石沢、大菅谷、柳沢の五道を支配し、林の木を斬り賊が隠れる場所をなくし見通しが良い平坦地に、土塁と深い堀を作り、逆賊首鼠（穴から首を出して窺う鼠の意）の要害（馬ノ墓～東越山～大高丸）と国府（信夫郡）を分断する。

所謂、国見防塁と称される土塁が作られた経緯が記されている。

吾妻鏡文治五年八月の条は藤原泰衡が俄に築いた如く記すが、実際は宝亀十一年に征東使が築いた防御遺構である。東越山の逆賊要害を（阿津賀志山）万葉仮名風に表記し、官軍が作った国見防御遺跡も泰衡があたかも俄に作った防御施設であるが如く曲筆した。口五丈の堀跡が現存するため多くの人々は疑うことなく信じてしまったのである。しかし、これが虚構であることは「頼朝が阿津賀志山の戦いの後に多賀国府へ寄った」

と記したことから化けの皮が剝がれてしまった。前述の如く多賀国府は実在しなかったことは前述の通りである。文治五年八月条が曲筆である。

天応元年正月辛酉朔　781年

天応元年春正月辛酉朔。詔曰。以天為大。則之者聖人。以民為心。育之者仁后。朕以寡薄。忝承宝基。無善万民。空歴一紀。然則恵沢壅而不流。憂懼交而弥積。日慎一日。念茲在茲。比有司奏。伊勢斎宮所見美雲。正合大瑞。彼神宮者国家所鎮。自天応之。吉無不利。抑是朕之不徳。非独臻茲。方知凡百之寮。相諧攸感。今者元正告暦。吉日初開。宜対良辰共悦嘉貺。可大赦天下。改元曰天応。自天応元年正月一日昧爽以前。大辟以下。罪無軽重。未発覚。已発覚。未結正。已結正。繋囚見徒。咸皆赦除。但犯八虐。故殺。謀殺。私鋳銭。強窃二盗。常赦所不免者。不在赦例。其斎宮寮主典已上。及大神宮司。并禰宜。大物忌。内人。多気度会二郡司。加位二級。自余番上。及内外文武官主典已上一級。但正六位上者廻授一子。如無子者。宜量賜物。其五位已上子孫。年廿已上者。亦叙当蔭之階。又如有百姓為呰麻呂等被詿誤。而能棄賊来者。給復三年。其従軍入陸奥出羽諸国百姓。久疲兵役。多破家産。宜免当戸今年田租。如無種子者。所司量貸。又去年恩免神寺封租者。宜以正税填償。天下老人。百歳已上賜籾三斛。九十已上二斛。八十已上一斛。鰥寡孤独不能自存者。量加賑恤。孝子順孫。義夫節婦。旌表門閭。終身勿事。
（前略）皆麻呂の誤りに連座した百姓で、賊を棄て来た者は、三年の間、出身地へ復す、その人達は、軍に従い陸奥国へ入った陸奥出羽の百姓である、長い期間の兵役に疲れ、生まれた家も壊れた、そのような人の今年の租税を免除し、種子を持たない者には　役所が決めた量の種子を貸す、（以下略）

天応元年二月三十日　［続記・紀略］　７８１年

穀一十万斛仰二相模、武蔵、安房、上総、下総、常陸等国一、令レ漕二送陸奥軍所一、征東軍所へ久慈川と阿武隈川水系を使い軍粮を船で軍所に搬送させたと考えられる。将軍が造った軍所は阿武隈川と摺上川（衣川）の合流部の宮代（宮城）である。

天応元年六月　［続紀］　７８１年

勅二参議持節征東大使兵部卿正四位下兼陸奥按察使常陸守藤原朝臣小黒麻呂一曰、得二去五月廿四日奏状一具知二消息一。但彼夷俘之為レ性也、蜂屯蟻聚、首為二乱階一。攻則奔二逆山藪一、放則侵二掠城塞一。而伊佐西古・諸絞・八十嶋・乙代等、賊中之首、一以当レ千、竄二迹山野一、窺レ機伺レ隙、畏二我軍威一、未二敢縦一レ毒。今将軍等、未レ斬二一級一、先解二軍士一。事已行訖、無二如之何一。但見二先後奏状一、賊衆四千餘人、其所レ斬首級僅七十餘人、即遺衆猶多。何須下先献二凱旋一、早請上レ向レ京。縦有二旧例一、朕不レ取焉。宣下副使内蔵忌寸全成。多朝臣犬養等一人。乗レ駅入レ京、先申二軍中委曲一、其餘者待中後処分上。

刈田郡馬ノ墓～東越山～伊具大高丸の山間部一帯の逆賊は蜂や蟻の如く集まり、騒乱を起こすきざしをみせ、追えば山野に走り逃げ、放っておけば城塞（防禦）を侵す、伊佐西古・諸絞・八十嶋・乙代等の首一つで、千の頸と同じ、山野の隠れ穴に遁《のが》れ、機を窺い、隙をさぐり、我が軍を威し畏れさせる、勝手気ままに我が軍に害を及す、今、将軍は一級の賊一人も斬っていない。

先に軍を解散し、事すでに終えたとは何事か。前の奏状を見た、賊衆四千余人、そのうち討ち取った首の数は僅か七十余人、すなわち残りの賊衆はなお多い、なぜ、先に凱旋が必要か、京に向かう願いは早すぎる、たとえ旧例が有るといえども、朕はその様な要求は受け付けない、勅を副使内蔵忌寸全成に下す、多朝臣犬養等一人を駅馬に乗せ入京させ、まず、軍中の詳細を申せ、残りの者共は後の処分を待て、

『蜂屯蟻聚、首為二乱階一。攻則奔二逆山藪一、放則侵二掠城塞一』

国見町光明寺東越山大道の先に苅田郡越河馬ノ墓（高麗の墓）～宮城県伊具郡丸森町耕野大高丸の山中の夷俘が官軍の北上を妨害し、城塞（国見防塁）をも侵掠した。

そのため、官軍は衣川（摺上川）南岸の軍所に逗留せざるを得なかったのである。

延暦元年五月十二日［続紀］　７８２年

陸奥国頃年兵乱、奥郡百姓並未二来集一、勅給二復三年一、

陸奥国は近年兵乱があり、奥郡百姓は未だ集まり来ていない、三年間、復（もとの土地へもどす）奥地に入植する前の出身地に戻ることをゆるす。

延暦二年四月十五日［続紀］　７８３年

勅曰、如聞、比年坂東八国、運二穀鎮所一、而将史等、以レ稲相二換其穀一、代者軽物送レ京、苟得無レ恥。又濫役二鎮兵一、多営二私田一、因レ茲、鎮兵疲弊、不レ任二干戈一。稽二之憲典一、深合二罪罰一。而会二恩蕩一、且従二寛宥一。自レ今以後、不レ得二更然一、如有二違犯一、以二軍法一罪之。宜下加二捉搦一、勿上レ令三侵漁之徒肆二其濁濫一。

板東諸国が鎮所に運んだ穀物を、将史等は軽物（絹布の称）に代理人にたのみ京へ送っている。恥ずかしくないのか。また、濫《みだ》りに鎮兵を労働奉仕に使い、多くの私田を営み、この事により、鎮兵は戦わず奉仕作業で疲弊している。これは憲典に照らすと深い罪罰に相当する。

寛大な心で今回はゆるすが、今後はおおめにみることはない。違犯すれば、軍法で

罰し捉え搦める。この様な事はするな。

延暦二年六月六日〔続紀〕　７８３年

勅曰、夷虜乱常。為レ梗未レ已。追則鳥散、捨則蟻結。事須三練レ兵教レ卒、備二其寇掠一。今聞。坂東諸国、属レ有二軍役一、毎多尫弱、全不レ堪レ戦。即有二雑色之輩・浮宕之類一、或便二弓馬一、或堪二戦陣一。毎レ有二徴発一、未二嘗差点一。同曰二皇民一、豈合レ如レ此。宜下仰二坂東八国一、簡中取所レ有散位子、郡司子弟、及浮宕等類、身堪二軍士一者、随二国大小一、一千已下五百已上上。専習二用レ兵之道一、並備二身装一。即入色之人、便考二当国一、白丁免レ徭。仍勅二堪レ事国司一人一。専知勾当。如有二非常一。便即押領奔赴、不レ失二事機一。

勅曰く、夷虜の乱は常態化し、未だやまず、すなわち追えば鳥のように散り、捨て置けば蟻の如く結集する、下級兵を訓練し、夷虜の侵攻に備える必要がある。今聞く、板東諸国は軍役につくとき、体が弱く、全く戦いに堪えられない、即ち、雑色之輩・浮宕之類がいる、或いは、弓馬に役立つ者、或いは戦陣に堪える者、以前に徴発されていない者、同じ皇民に云う、どうして、このようなことがかなうのか、板東八国へ仰せ下す、散位子、郡司子弟、及浮宕等類で軍士に耐える者を国の大小にあわせ一千五百人以上を選び出せ、もっぱら、兵の道を習わせよ、並びに身なりを調え　官員になった人は　その国の考えで役立てよ　白丁は貴人のもとへ行く事を免じる　仍って国司一人事に堪えよ　専らその任務に当たり　非常あれば　所領を奪い返しに走り赴け　時機を失うな、

延暦四年四月七日　[続紀]　（785年）

中納言従三位兼春宮大夫陸奥按察使鎮守府将軍大伴宿禰家持等言、
名取以南一十四郡、僻在㆓山海㆒、去㆑塞懸遠、属㆑有㆓徴発㆒、不㆑会㆓機急㆒由㆑募㆓集百姓㆒、足ニ人兵於国府㆒、設ニ防禦於東西㆒、誠是備㆓預不虞㆒、推ニ鋒万里㆒者也、但以、徒有ニ開設之名㆒、未㆑任ニ統領之人㆒、百姓願望、無㆑所㆑係㆑心、願請、建為ニ真郡㆒、備ニ置官員㆒、然則民知㆓統摂之帰㆒、賊絶㆓窺窬之望㆒、許㆑之、
是権置ニ多賀、階上二郡㆒、

名取以南の十四郡は塞（伊治城、多賀城）から離れた場所にあり、そのため塞の緊急事態に即応できない。それで辺地の多賀、階上に権（仮）に二郡を置く。

名取以南十四郡から離れた場所に城塞（多賀城）があった証拠である。

天平九年に大野東人が行った多賀柵は名取郡から離れた賀美郡部内にあった。それを改修し多賀城とした。

階上は青森県南東部・岩手県北部の階上と考えられる。（霊亀元年十月廿九日［続紀・機略］７１５年　陸奥国蝦夷第三等邑良志別君蘇弥奈等言、親族死亡孫数人、常恐被㆓狄徒抄略㆒乎、請於㆓香河村㆒、造㆓建郡家㆒、為㆓編戸民㆒、永保㆓安堵㆒、又蝦夷須賀君古朝比留等言、先祖以来、貢㆓献昆布㆒、常採㆓此地㆒、年時不㆑闕、今国府郭下、相去道遠、往還累㆑旬、甚多㆓辛苦㆒、請於㆓閇村㆒、便建㆓郡家㆒、同㆓百姓㆒、共率㆓親族㆒、永不㆑闕㆑貢、並許㆑之、）

古代人の一日の行程は約八十里（40Ｋｍ）、往還に旬（十日）を重ねたとあり、片道（十日）の里程は十日×40Ｋｍ＝４００Ｋｍ、国府（信夫郡）から４００Ｋｍの所に階上がある。したがって閇村は階上付近にあった村と考えられる。　【閇】閉

百姓を募集し国府に人兵を足し、不測事態に備え、東西に防禦を設ける、鉾（ほこさき）を万里（長い距離）に推し延ばすといえり、ただし、いまだ　開設は名ばかりで、統領の人は未だ任じられていない、

百姓の願いは、真郡を建て、官員を配置し心掛かりを無くすこと、然らば則ち、人々は防禦施設が機能しあるべきすがたになったと思うでしょう。賊は隙を窺い国府を侵す望みを絶つでしょう　これを許す。

宝亀十一年十二月に造り始めた防禦（国見防塁）が万里（長い距離）に延長を認められた。

国府（信夫郡）を割き伊達郡を置く許可がでた。しかし実際に伊達郡が置かれたのは後年と考えられる。

通称厚樫山から阿武隈川まで続く堀と土塁遺構は現存し、阿武隈川対岸の梁川町広瀬川沿いに大関という地名もある。さらに、広瀬川沿いに川俣町までが伊達郡で川俣町の山中に飯坂という地名が見られる。飯坂と言えば福島市飯坂町が思い浮かぶ。福島市飯坂町は摺上川源流部の茂庭まで飯坂となっている。

飯坂の地名の語源は夷伊境（いいざかい）と考えられる。国府（信夫郡）を割き伊達郡を建て国府防禦地帯を作ったと考えられる。蝦夷と伊人の居住地境界部一帯が夷伊境（飯坂）と考えられる。それ故、両端部に飯坂という地名が残ったと考えられる。

吾妻鏡文治五年八月の条「泰衡日來聞二品發向給事。於阿津賀志山。築城壁固要害。國見宿与彼山之中間。俄構口五丈堀。堰入逢隈河流柵。」

泰衡　さきごろ　二品（頼朝）が軍を差し向けた事を知り、阿津賀志山に城を築き壁で要害を固めた国見宿と阿津賀志山要害の中間に　俄に口五丈の堀を構え　逢隈河（阿武隈河）の流れを堰いれた。

ゼンリンいつもＮＡＶＩで国見市役所付近から国見防塁まで距離を測り、その距離と同じ距離の北側に国見町光明寺東越山がある。阿津賀志山は東越山（あずこしやま）を万葉仮名風に表記したものと考えられる。

文治五年八月大十三日庚子。比企藤四郎。宇佐美平次等。打入出羽國。泰衡郎従田河太郎行文。秋田三郎致文等梟首云々。」今日。二品令休息于多賀國府給。

多賀城が国府でないことは既に述べた通り。存在しない多賀国府に頼朝が寄った如く記す事から吾妻鏡文治五年八月の条は虚構と考えられる。

延暦四年八月廿八日　［続記・紀略・類史八七］

中納言従三位大伴宿禰家持死、（後略）

大伴家持は提言から四ヶ月程で亡くなる。

延暦六年閏五月五日　［続記・紀略］　７８７年

陸奥鎮守将軍正五位上百済王俊哲坐レ事左二降日向権介一、

百済王俊哲は軍粮を軽物に換えた罪を犯した可能性がある。

延暦七年三月二日　［続記・紀略］　７８８年

軍粮三万五千余斛仰二下陸奥国一、運二収多賀城一、又粮二万三千余斛幷塩、仰二東海、

東山、北陸等国一、限二七月以前一、転二運陸奥国一、並為三来年征二蝦夷一也、

陸奥国衙の役人（国司等）に軍粮三万五千斛を多賀城へ運び込むことを命じた。しかし、国府の北辺（東越山・大高丸）苅田郡に逆賊の要害があり、多賀城へ運ぶことは困難な状況であった。

延暦七年三月三日　〔続記・紀略〕　７８８年

下レ勅、謂二発東海、東山、坂東諸国歩騎五万二千八百余人一、限二来月三月一、会二於陸奥国多賀城一、其点レ兵者、先尽二前般入レ軍経レ戦叙レ勲者、及常陸国神賤一、然後簡下点余人堪二弓馬一者上、仍勅、此年国司等無レ心二奉公一、毎事闕怠、屢沮二成謀一、苟曰二司存一、豈応レ如レ此、若有二更然一、必以レ乏二軍興一従レ事矣。

勅を下す　東海　東山　板東諸国は歩兵と騎兵五万二三八百余人を送り出せ　来月三日を期限に陸奥国多賀城に集まれ　そこで兵を評価する　先ず前に軍に入り戦いを経た者を叙勲し　常陸国神賤に及ぶ　その後　それ以外の人で弓馬に優れた者を選び出し任用する

勅を下す

この年　国司等は奉公の心が無い　毎時すべきことをしない　しばしば　まとめあ

げた計画を沮《はば》む

　いやしくも国司の在りようを云う　どうして此の如く沮む　もし、そうであるならば　必ず軍を興す物資が乏しくなる　事情わきまえ従え

　天皇は逆賊が苅田郡の官道を塞いでいる事を知らないため、国司等が怠慢し多賀城へ軍粮運送しないと思い違いをされている。

　延暦八年五月十二日　［続紀］　789年

勅二征東将軍一曰、省二此来奏状一、知官軍不レ進、猶滞二衣川一以去四月六日奏偁、三月廿八日、官軍渡レ河置二営三処一、其勢如二鼎足一者、自レ尓以還、経二卅余日一、未審、縁二何事故一、致二此留連一、居而不レ進、未レ見二其理一、夫兵遣二拙速一、未レ聞二巧遅一、又六七月者計応二極熱一、如今不入、恐失二其時一、悔何所レ及、将軍等応機進退。更無間然。但久留一処。積日費糧。朕之所怪。唯在此耳。宜具滞由及賊軍消息。附駅奏来。

　征東将軍の四月六日奏状を省みて言う。以来、衣川に猶滞り、官軍は進んでいないことを知った。

　三月八日、官軍は河を渡り（衣川「搢上川」と阿武隈川）の合流部の三カ所に鼎状に営所を置いている。どうしてその様な状態で三十日以上いるのか審《つまび》らかでない。何

事故ゆえ、此所に逗留し進まず居るのか　その理由を未だ知らない、できがよくても遅いのは、できがまずくても速いのに及ばない。又六、七月を目途にしては極熱で酷いぞ。今、征討しなければ時機を失う。

衣川と言えば岩手県奥州市の衣川を連想するが多賀城奪還以前に多賀城より北の衣川付近に官軍が逗留している道理はない。征東軍は多賀城に集合し北の伊治城付近の逆賊征討に征くのに苅田郡さえ越えられず、苅田郡より南に滞留している。従って、衣川は摺上川を指す（福島市飯坂町高舘が衣川高館である）。

後代の平安時代末期、藤原基成の衣川館で義経は自害し遺品が摺上川近くの医王寺に保存されている事から摺上川は衣川である。

阿武隈川と摺上川（衣川）の合流付近の丁字部、三カ所に三郡の軍営が置かれていた。

①福島市宮代（宮城）に将軍軍所。阿武隈川と衣川の合流部国衙側の川辺。

②福島市飯坂町東湯野峯越。東越山を越える軍の陣所。地名の由来は峰を越る軍隊が陣を置いた場所が由来。その近傍に壺石と言う地名がある。十二世紀末に編纂された顕昭作の『袖中抄』19巻に「顕昭云（いわく）。いぶしみとはみちのくの奥につものいしぶみあり、日本のはてといへり。但し、田村将軍征夷の時、弓のはずにて、石の面に日本の中央のよしをかきつけたれば、石文といふといへり。信家の侍従の申ししは、石面ながさ四、五丈ばかりなるに

文をゑり付けたり。其所をつぼと云也（それをつぼとはいふなり）。私いはく。みちの国は東のはてとおもへど、えぞの嶋は多くて千嶋とも云えば、陸地をいはんに日本の中央にても侍るにこそ。」とある。壺石は福島市飯坂町東湯野壺石以外に全国どこにも壺石という地名は無い。（仮説として、壺石文の拓本は信夫文字摺布と呼称された。田村麻呂の壺文の拓本を摺り上げ水に晒し上げた川であるから、摺上川とも呼称されたと考えられる。）「信達一統志に（伊達郡湯野のほとりにも絹をもちりして摺しと云所あり、是を文字が原と名を負せしなり、又摺上など云を考ふれば何れにも信夫郡より所々にて摺出せしものならむ）」

③　福島市向瀬上。阿武隈川東岸向瀬上。

次の史料で仮説の整合性を確認する。

延暦八年六月三日　［続紀・紀略］　７８９年

征東将軍奏、副将軍外従五位下入間宿禰広成・左中軍別将従五位下池田朝臣真枚、与二前軍別将外従五位下安倍猨嶋臣墨縄等一議、三軍同レ謀幷レ力、渡レ河討レ賊。約期已畢。由レ是、抽二出中各軍二千人一、同共凌渡、此レ至二賊帥夷阿弖流為之居一、有二賊徒三百許人一、迎逢相戦。官軍勢強、賊衆引遁。官軍且戦且焼至二巣伏村一、将下与二前軍一合上レ勢。而前軍為レ賊被レ拒、不レ得二進渡一。於レ是、賊衆八百許人、更来拒戦。

其力太強、官軍稍退、賊徒直衝。更有二賊四百許人一、出レ自二東山一絶二官軍後一。前後受レ敵。賊衆奮撃、官軍被レ排。別将丈部善理、進士高田道成・会津壮麻呂・安宿戸吉足・大伴五百継等並戦死。惣焼二亡賊居一、十四村、宅八百許烟。器械・雑物如レ別。官軍戦死廿五人、中レ矢二百卌五人、投レ河溺死一千卅六人、裸身游来一千二百五十七人。別将出雲諸上・道嶋御楯等、引二余衆一還来。於レ是、勅二征東将軍一曰、省二比来奏二云、胆沢之賊、惣集二河東一。先征二此地一後謀二深入一者。然則、軍監已上率レ兵、張二其形勢一、厳二其威容一、前後相続、可二以薄伐一。而軍少卑、還致二敗績一、是則、其道副将等、計策之所レ失也、至三於善理等戦亡及二士衆溺死者一、惻怛之情、有レ切二于懐一。

三軍は共同し河を渡り賊を討つことにした。約束の期限は既に過ぎた。それで、各軍の中から二千人選び共同し阿武隈川を凌ぎ渡った。賊帥夷阿弖流為の居る所に至った。賊徒は三百人程度いた。立ち向かい、相互に戦った。官軍の勢いは強く賊衆は引き遁れた。官軍は戦い焼き払いながら巣伏村に至った。

（地図上に巣伏はないが伏黒〜宮畑遺跡の可能性が考えられる。同遺跡の住居跡は何度も火を放たれた跡があるという）

まさに前軍の勢いに合わせようとした時、前軍は賊に拒まれ、後に続き進み渡り得ず、そこに、賊衆八百人許り、現れ拒み戦う、その力は極めて強かった、この時すでに前軍は阿武隈川峡谷部狭窄地に入り横隊の陣形を構えられず大軍の威力を発揮できず官軍やや退く、賊徒は勢いよく直撃した、さらに、賊四百人程が東山から現れ縦隊列官軍の前後を絶ち、賊衆は力を振り絞りかかってきた、官軍はおしのけられた。横幅の狭い陣形は対戦する兵士の数が少なく、小勢対小勢の戦いになり、大軍の勢いを発揮できない、縦隊列官軍は右側方の東山栗生から逆賊に脅され、官軍兵士等は驚き慌てふためき阿武隈川へ身を投げ逃れた、千三十六人が溺死、一千二百五十七人が西岸に泳ぎ渡った、阿武隈川猿跳峡谷付近の東岸に栗生、西岸に兜渡と云う地名が対向することが地形図で確認できる、此所が官軍の敗績した所と考えられる。地理院地図（電子国土Ｗｅｂ）で栗生と兜渡が阿武隈川を挟み対向し現存する。地形図で地勢を確認していただきたい。

　別将丈部善理、進士高田道成・会津壮麻呂・安宿戸吉足・大伴五百継等並戦死。惣焼二亡賊居一、十四村、宅八百許烟。器械・雑物如レ別。官軍戦死廿五人、中レ矢二百卌五人、

　投レ河溺死一千卌六人、裸身游来一千二百五十七人。別将出雲諸上・道嶋御楯等、引二余衆一還来。

　官軍は阿武隈河東岸に渡り平地部の戦いでは大軍の威力が発揮でき圧倒的に強かった。賊衆が引き遁れたため、追いかけ阿武隈河東岸を北上し猿跳峡谷栗生部に誘い込

まれた。大軍でも狭窄部では細長い縦列隊形となってしまう。細長い隊列の前後を塞がれ前線で合戦できる兵士の数は物理的に制限される、前後を塞がれ戸惑う隊列の東側面の栗生山に逆賊が現れ脅し掛けられる（栗は、怖れおののく、ふるえる、きびしい等の意味がある。栗生にはおそろしいものが出てきた所から栗生と呼ばれたものと考えられる。）逆賊が突然現れ脅した場所に栗生と云う地名が付けられたと考えられる。

栗生の対岸の兜渡は阿武隈川に身を投げた兵士が泳ぎ着いた場所で地名を兜渡と名付けられた。兜渡という地名はゼンリン地図に見られないが国土地理院電子地形図上で確認できる。阿武隈急行兜駅の少し下流西岸側にある。

生き残り兵士を別将出雲諸上・道嶋御楯等が率い帰還させた。

出雲諸上は後に大枝朝臣の姓が与えられ、右京にも貫付された。

地形図の阿武隈川東岸の国見、梁川に大枝、京都右京区にも大枝と言う地名が存在する。

国見、梁川の大枝の地名は大枝朝臣諸上（出雲諸上）に因んだ地名である。

宝亀十一年に征東使が塞いだ小道の名はこの辺りにあったと考えられるが大枝に改名されたと考えられる。

於㆑是、勅㆓征東将軍㆒曰、省㆓比来奏㆒云、胆沢之賊、惣集㆓河東㆒。先征㆓此地㆒後謀㆓深入㆒者。然則、軍監已上率㆑兵、張㆓其形勢㆒、厳㆓其威容㆒、前後相続、可㆓

以薄伐一。而軍少卑、還致二敗績一、是則、其道副将等、計策之所レ失也

天皇が征東将軍の言分を省みて云う　胆沢の賊　すべてが河東に集まった　官軍は先ず此の地を征伐し　後に深入りを謀ったという　然らば則ち　軍艦以上が兵を率いその形勢を張った　その威容は厳めしかった　前後相続き　以て薄を伐るべきであった（見通しをよくすべきであった）　しかるに　敵を威す軍形を張れず　大敗致し帰還した　これ即ち　阿武隈東岸道北上軍の副将軍策略に誤りがあった。

征東将軍は国府近くでの敗績を隠すため「胆沢之賊、惣集二河東一」と奏上した。

夷阿弖流為は胆澤を根拠地とする人物でない。何故なら、延暦廿一年四月十五日造陸奥国膽澤城使田村麿言。夷大墓公阿弖利爲、磐具公母禮等率二種類五百餘人一降。阿弖流為等は造陸奥国膽澤城使のもとへ投降した。

若し胆澤を根拠地とした逆賊なら胆澤公阿弖流為、胆澤公母禮の如く根拠地名に因む姓で呼称される筈である。

例えば「斯波村夷胆澤公阿奴志己」の如く根拠地に因む姓で呼称されている。

夷大墓は刈田郡越河馬ノ墓と推測される。馬は駒、駒は高麗、高麗系移民の墓所地に因む姓と考えられる。高麗系王族の末裔の墓所付近を根拠地とした人物ゆえに夷大墓公の姓を与えられていたと考えられる。その隣接地が伊具である。伊具と磐具は同じと考

えられ、磐具公母禮は伊具を根拠地とする人物で胆澤を根拠地とした人物ではない。

夷大墓公阿弖利爲は坂上大忌寸苅田麿と同じ高麗系移民の子孫と考えられる。

宮城県伊具郡丸森町耕野風土記に次のように記述されている。

「大高丸山　古戦場あり　藤原秀衡　鎌倉の頼朝の軍勢を厚樫山に向ひし時一方の軍勢をこの山に配し大いに防ぎしといふ　其の昔夷族大高麿なるものこの山にあり大いなる勢力ありしといふ東征の際に坂上田村麿に攻め亡されしといふ」

「魑窟　高丸山　赤土原に在り　石にて築きたる跡　東西十間　南北八間余　田村将軍の東夷を討伐せられし際　賊（たかまる）の砦を築きたる跡なりと云ひ伝へ　此の山を高丸山と称す
（鬼ノ土俵入リセシ所ト伝フ）」(6)

「東越山ノ頂ニ古城址在リ、山ヲ削リテ塁ト為シ、山ヲ鑿チテ塹ト為ス、塁石頽レ諸処塹中ニ落ツ、塹或ハ二重或ハ三重ニ設ク、」この東越山は、高寺山との間にもいくつか土塁・濠状のものがある。(7)

東鏡文治五年八月の条にある阿津賀志山は東越山《あずこしやま》を万葉仮名風に書いたものと考えられる。

東越山、馬ノ墓大高丸、兜渡、栗生、の位置関係を地理院地Ｗｅｂ版、国見町光明寺東越山は「いつもＮＡＶＩ」有料版で確認できる。

延暦十二年二月十七日紀略・逸史７９３年

改二征東使一為二征夷使一、

延暦十二年二月廿一日紀略・逸史

征夷副使近衛少将坂上田村麻呂辞見、

延暦十三年正月一日紀略・逸史７９４年

賜二征夷大将軍大伴弟麻呂節刀一、

延暦十三年六月十三日紀略・逸史７９４年

副将軍坂上大宿禰田村麻呂已下征二蝦夷一、

延暦十三年（七九四）十月丁卯【廿八】》○丁卯。

征夷將軍大伴弟麻呂奏。斬首四百五十七級、捕虜百五十人、獲馬八十五疋、燒落七十五處。

征夷将軍大伴弟麻呂の大活躍で苅田以北の征討が可能となった。

延暦十四年正月戊戌【廿九】》

征夷大將軍大伴弟麻呂朝見、進節刀。

延暦十四年二月七日紀略・逸史７９５年

詔曰、征夷大将軍以下加二爵級一、

延暦十四年八月辛未【七】》○辛未。陸奥鎮守將軍百濟王俊哲卒。

延暦十四年十二月己丑【廿四】》○己丑。

逃軍諸國軍士三百四十人、特宥死罪、配陸奥國、永爲柵戸。

延暦十五年七月戊申【十九】》○戊申。

大和國人正六位上大枝朝臣長人。河國人正六位上大枝朝臣氏麻呂。正六位上大枝朝臣諸上。正七位下菅原朝臣常人。従七位上秋篠朝臣全繼等十一人貫付右京。

出雲諸上（大枝朝臣諸上）は右京と共に阿武隈川西岸に土地が与えられたものと考えられる。

福島県伊達市梁川東大枝○○、福島県伊達郡国見町西大枝○○、は阿武隈川西岸部にあり、生き残った兵士を帰還させた恩賞の地と考えられる。

延暦十五年十月甲申【廿七】》○甲申。

近衛少將従四位下坂上大宿禰田村麻呂爲兼鎭守將軍。

延暦十八年（七九九）三月戊申【四】》○戊申。

陸奥國柴田郡人外少初位下大伴部人根等賜姓大伴柴田臣。

延暦十八年三月辛亥朔【日本後紀】７９９年

陸奥国富田郡併二色麻郡一、讃馬郡併二新田郡一登米郡併二小田郡一

延暦十九年五月戊午【日本後紀（逸文）】

陸奥国言、帰降夷俘、各守二城塞一、朝参相続、出入寔繁、夫馴レ荒之道、在二威与一レ徳、若不二優賞一、恐失二天威一、今夷俘食料、充用不レ足、伏請佃二卅町一、以充二雑用一許レ之、

陸奥国司言う。降参した夷俘（朝廷の支配下に入り一般農民の生活に同化した蝦夷）は各城塞の守りに就いています、引き続き朝に参り、本当にせわしく出入りしています、荒れた人々を順応させています、飴と鞭で従わせる、もし、手厚い褒美を与えなければ、天皇の威厳を失う恐れがあります、今、夷俘の食料不足に充てるため、佃（耕作する田。熟田。）三十町くださることを伏して請い願います、雑用（種々雑多の用事・用途。）の土地を以て充てよ、これを許す。

延暦十九年十一月六日類史一九〇・紀略・逸史８００年

遣下二征夷大将軍近衛権中将陸奥出羽按察使兼行陸奥守鎮守将軍坂上大宿禰田村麻呂一、検中校諸国夷俘上、

延暦廿年二月十四日紀略・逸史８０１年
征夷大将軍坂上田村麻呂㆓節刀㆒、
延暦廿年九月廿七日紀略・逸史８０１年
征夷大将軍坂上宿禰田村麻呂等言、臣聞、云々、討㆓伏夷賊㆒
延暦廿一年正月九日紀略・逸史８０２年
遣㆘㆓従三位坂上宿禰田村麻呂㆒造㆗陸奥国胆沢城㆖、

延暦廿一年正月十一日後紀８０２年
勅、官軍薄伐。闢㆑地瞻遠。宜㆘發㆓駿河・甲斐・相模・武蔵・上総・下総・常陸・信濃・上野・下野等国浪人四千人㆒、配㆗陸奥国膽澤城㆖。
天皇の命令、官軍は薄を伐採し、地を開き、遠くまで見渡せるようにし、駿河・甲斐・相模・武蔵・上総・下総・常陸・信濃・上野・下野等国浪人四千人を陸奥国胆澤城に送り配置させよ。
【瞻】みる。見上げる。あおぎみる。【膽】きも。内臓の一つ。物事の重要な点。急所。膽澤は北上川流域を指す地名であったと考えられる。それ故に「陸奥國言。斯波城與膽澤郡。」

延暦廿一年正月十三日後紀８０２年

越後国米一万六百斛、佐渡国鹽一百廿斛。毎レ年運二送出羽国雄勝城一為二鎮兵粮一。

延暦廿一年四月十五日後紀８０２年

造陸奥国膽澤城使田村麿言。夷大墓公阿弖利爲、磐具公母禮等率二種類五百餘人一降。

造陸奥国膽澤城使田村麿言　夷大墓公阿弖利爲、磐具公母禮等が五百余人を引連れ降参した。

夷大墓公阿弖利爲、磐具公母禮等が膽澤城使田村麿に降参した事から胆澤の賊と思い違いされがちであるが前述の通り、胆澤の逆賊であれば胆澤公阿弖流為、胆澤公母禮のように根拠地名に因む姓が与えられている筈である。夷大墓公阿弖利爲、磐具公母禮等は苅田郡高麗の墓、伊具を根拠地とした人物と考えられる。

延暦廿一年七月十日後紀８０２年

造陸奥国膽澤城使田村麿來。夷大墓公二人並従。

延暦廿一年八月十三日後紀８０２年

斬二夷大墓公阿弖利爲、磐具公母禮等一。此二虜者、並奥地之賊首也。斬二虜一時、将軍等申云、此度任レ願返入、招二其賊類一、而公卿執論云、野生獣心、反覆无レ定、儻縁二朝威一獲二此梟帥一、縦依二申請一、放二還奥地一。所レ謂、養レ虎遺レ患也、即捉二両虜一、斬二於河内国杜山一。


延暦二十一年（八〇二）十二月庚寅【八】》○庚寅。

鎮守軍監外従五位下道嶋宿禰御楯、爲陸奥國大國造。

【国造】（「国の御奴」の意）古代の世襲の地方官。ほぼ一郡を領し、大化改新以後は多く郡司となった。

大化改新後も一国一人ずつ残された国造は祭祀に関与し、行政には無関係の世襲の職とされた。

（延暦八年、別将出雲諸上・道嶋御楯等、引二余衆一還来。）

（神護景雲元年（七六七）十二月甲申。正四位上道嶋宿禰嶋足為陸奥国大国造。）

延暦廿二年二月十二日後紀８０３年
令下二越後国一米三十斛、鹽卅斛、送中造志波城所上。

延暦廿二年三月六日後紀８０３年
造志波城使従三位行近衛中将坂上田村麿辞見。賜二彩帛五十疋、綿三百屯一。
【辞見】外国使・将軍や使者となった貴族などが、出退と来還のときに天皇と対面する儀礼。

延暦廿三年五月癸未、

陸奥国言、斯波城与二胆沢郡一、相去一百六十二里、山谷嶮□、往還多レ艱、不レ置二郵駅一、恐闕二機急一、伏請二准小路例一、置二一駅一、許レ此、

宝亀五年からの蝦夷の大規模反乱は収束した。

V　藤原緒嗣の徳政論から鎮兵停止まで

延暦廿四年（八〇五）十二月壬寅壬寅。

公卿奏議曰。伏奉綸旨。營造未已。黎民或弊。念彼勤労。事須矜恤。加以時遭災疫。頗損農桑。今雖有年。未聞復業。宜量事優矜令得存濟者。臣等商量。伏望所點加仕丁一千二百八十一人。依數停却。又衞門府衞士四百人。減七十人。左右衞士府各六百人。毎減一百人。隼人男女各□人。毎減廿人。雅樂歌女五十人。減卅人。仕女一百十人。減廿八人。停卜部之委男女厮丁等粮。又諸家封祖。□停春米。交易輕貨。又諸國貢調脚夫。或國役五箇日。或國三箇日。役限不均。勞逸各殊。須共役二日。以同苦樂。又備後國神石。奴可。三上。惠蘇。甲努。世羅。三谿。三次等八郡調糸。相□鍬鐵。又伊賀。伊勢。尾張。近江。美濃。若狹。越前。越中。丹波。丹後。但馬。因幡。播磨。美作。備前。備中。備後。紀伊。阿波。讃岐。伊豫等國。殊免當年庸。許之。』是日。中納言近衞大將從三位藤原朝臣内麻呂侍殿上。有勅。令參議右衞士督從四位下藤原朝臣緒嗣。與參議左大辨正四位下菅野朝臣眞道相論天下徳政。于時緒嗣議云。方今天下所苦。軍事與造作也。停此兩事。百姓安之。眞道確執異議。不肯聽焉。帝善緒嗣議。即從停廢。有識聞之。莫不感歎。

緒嗣は、「方今天下の苦しむ所は、軍事と造作となり。此の両事を停むれば百姓安むぜむ」
軍事（蝦夷征討）と造作（城塞造作）こそが天下の民を疲弊させている原因である、
それらの停止を主張した。

「軍事與造作」　【與】くみする。行動をともにする。かかわる。関係をもつ。
軍事と与する造作であるから城塞の造作と考えられる。
通説では「桓武天皇は緒嗣の意見を採用して桓武朝の二大事業であった蝦夷征討と
平安京造都を停止した。」とする説は時系列が合わない。
桓武天皇により、長岡京に代わる都として山背国（山城国）愛宕・葛野の両郡にま
たがる地が選ばれ、中国の長安城を模して延暦十二年（793年）から建設された。
翌延暦十三年（794年）に遷都。北部中央に宮城・平安宮（大内裏）が建設され、
以降歴代の皇居が置かれた。(9)
徳政論が行われたのは延暦二十四年（805年）で、既に平安京造都、遷都が終え
ており平安京造都を停止したとする一般的な説は誤りと考えられ、「軍事與造作也」
は軍事に与する造作が正しい。

大同四年三月廿三日【日本後紀】809年
是日、東山道観察使正四位下兼行右衛士督陸奥出羽按察使藤原朝臣緒嗣、

為レ入二邊任一、辭二見内裏一、召二昇殿一、令下二典侍従五位上永原朝臣子伊太比一賜中
衣一襲被等上、

大同四年五月十一日〔三代格十五・要略五三〕　８０９年

太政官符

応レ給二軍毅職田一事

大毅四人　小毅八人　主帳四人

右得二東山道観察使正四位下兼行陸奥出羽按察使藤原朝臣緒継解一偁、陸奥国四軍団毅十二人、常直二城中一不レ顧二私業一、既備二機速一曾無二微禄一、准二其勤労一理須二優済一、今見二国内一、乗田数多、佃食者少、伏請、准二郡司一将レ給二職田一者、右大臣宣、奉レ勅、依レ請、

大同四年五月十一日

大同五年五月十三日三代格六・逸史・類史八四８１０年

太政官符

一應レ春二運按察使幷国司鎮官年粮一事

右得二東山道観察使正四位下兼行陸奥出羽按察使藤原朝臣緒嗣解一称、

陸奥国、元来国司鎮官等各以㆓公廨㆒作㆑差、令㆑舂㆓米四千余斛㆒雇㆑人運送、以宛㆓年粮㆒、雖㆓因循年久㆒、於㆑法無㆑拠、然辺要之事頗異㆓中国㆒、何者刈田以北近郡稲支㆓軍粮㆒、信夫以南遠郡稲給㆓公廨㆒、計㆓其行程㆒、於㆓国府㆒二三百里、於㆓城柵㆒七八百里、事力之力不㆑可㆓舂運㆒、若勘当停止、必致㆓飢餓㆒、請給㆓舂運功㆒為㆑例行㆑之者、依㆑請、

一応㆑加㆓給担夫運粮賃乗㆒事

右同前解称、太政官去大同元年十月十八日符称、陸奥出羽按察使起請称、計㆓陸路程㆒、給㆓運粮賃㆒、而国司等候㆓海晏隟㆒、時用㆓船漕㆒、儻有㆓漂損㆒、国司塡償、得㆓平達㆒者、賃料頗遺、若事覚被㆓勘問㆒者、恐致㆓罪於遺賃㆒、望請、不㆑㆓遺賃㆒勿㆑免㆓浮損㆒者、右大臣宣、

奉㆑勅、依㆑請者、皆疲㆓運粮㆒、請補㆓彼年中漂損㆒之外、所㆑遺賃乗加㆓給担夫㆒、以済㆓窮弊㆒者、依㆑請、以前㆓右大臣宣㆒称、奉㆑勅、如㆑右、

大同五年五月十二日類史八四（公廨）・逸史８１０年

東山道観察使正四位下兼陸奥出羽按察使藤原朝臣緒嗣言

云々、国以㆑民為㆑本、民以㆑食為㆑命、而鎮兵三千八百人、一年粮料五十余万束、因㆑此百姓糜弊、倉廩空虚、如無㆓蓄積㆒、何防㆓非常㆒、加以往年毎㆑有㆓征伐㆒、必仰㆓軍粮於坂東国㆒、伏請以㆓坂東官稲㆒充㆓陸奥公廨㆒、以㆓陸奥公廨㆒、留㆓収官庫㆒、

然則公私得レ所、実惬ニ便宜一、並許レ之、

弘仁元年九月十六日日本後紀８１０年

参議正四位上文室朝臣綿麻呂為二大蔵卿兼陸奥出羽按察使一、

弘仁二年（八一一）正月丙午〇丙午。

於陸奥國。置和我。稗縫。斯波三郡。

（通説では一〇世紀、斯波郡の領域が北遷拡大し、岩手郡が斯波郡から分離独立した。一方、磐井郡は国府多賀城領に編入され、岩手・志和・稗抜・和賀・江刺・伊沢の「奥六郡」が成立したとする。[10]）多賀国府の存在を前提とする説は虚構である。陸奥国府が信夫郡であったことを考慮すると奥六郡は白河。石背。会津。安積。信夫。伊達。である。

弘仁二年閏十二月十一日［後紀］　８１１年

征夷将軍参議行大蔵卿兼陸奥出羽按察使文室朝臣綿麻呂奏言、

今官軍一挙、寇賊無レ遺、事須下悉廃ニ鎮兵一、永安中百姓上、而城柵等所レ納器仗軍

粮、其数不レ少、迄二于遷納一、不レ可レ廃レ衛、伏望置二一千人一充二其守衛一、其志波城、近二于河浜一、屢被二水害一、須下去二其処一、遷中立便地上、伏望置二二千人一、塹充二守衛一、遷二其城一迄、則留二千人一、永為二鎮戍一、自余悉二解却一、又兵士設、為レ備二非常一、既無二遺寇一、何置二兵士一、但辺国之守、不レ可二卒停一、伏望置二二千人一、其余解却、又自二宝亀五年一、至二于当年一、惣卅八歳、辺寇屢動、警□無レ絶、丁壮老弱、或疲二於征戍一、或倦二於転運一、百姓窮弊、未レ得二休息一、伏望給二復四年一、殊休二疲弊一、其鎮兵者、以レ次差点、輪転復免者、並許レ之。

今　官軍の行動は　寇賊のため遣わされる事なく　悉く鎮兵を廃止し永く百姓を安らかにすべし、しかして　城柵等に納められた兵器や軍粮は少なからず　ここに遷し納められるまで　護り廃すべきではない　伏して望む

一千人を置き　その守衛に充てる　其の志波城は干上がった河のほとりに近く屢々水害を被る　其処を去り便利な場所に遷すべき　伏し望む　二千人を置き　暫く守衛に充てる　其の城に遷すまで　則ち千人を留め置き　永く鎮戍とする　それ以外は悉く解却する　また兵士を用意し　非常に備える　既に外寇はない　何故、兵士を置く　ただし、国境近くの守りは　突然止めるべきではない　二千人を置くことを伏して望みます　それ以外は解却いたします

また、宝亀五年から当年まで三十八年経ちました（天体異常が起きた年から）

辺境を侵す賊が屡々活動します　絶えず警戒しています　壮年男子　老い弱いもの或いは戦い疲れたもの
或いは長距離移動に飽きたもの　百姓は疲れ果てています　休息の機会を与えられていません　伏して望みます　出身地へ四年間復してください　殊に疲弊したものを休ませる　其れは鎮兵である　次の差点を以て　順番が来ても兵役に復することを免じる　それらを許す

「其志波城、近二千河浜一、屡被二水害一、須下去二其処一、遷中立便地上」【須】ただれる。

志波城は河浜近くにあり、しばしば水害にあったと記されている。国土地理院地形図上の志波城跡の標高は一三三メートル程度ある。近くの北上川と雫石川の合流点付近の標高は一一八メートル程度で、志波城跡とされる付近には旧堰、新堰等の用水がある小高い所であり、大きな河川との標高差が十メートル程度あり、しばしば水害に遭う場所ではないと考えられる。

一方、地形図上の徳丹城跡の標高は１０５・２ｍ程度で、北上川付近の東徳田の標高は１００ｍ程度あり、徳丹状跡との標高差五メートル程度で水害を受けやすい所である。地形図上の徳丹城跡と志波城跡は逆と考えられる。

弘仁六年八月廿三日三代格十八８１５年

太政官符

一分レ番令レ守二城塞一事

兵士六千人　並勲九等已上白丁已

旧数二千人　名取団一千人　玉造団一千人

今請二加四千人一　白川団一千人　安積団一千人

行方団一千人　小田団一千人

右此国鎮兵之外、更点二兵士一、多則一万、少則二千、応レ機随レ変、無レ有二定例一、伏講、更加二四千人一、通レ前六千人、分結二六番一、以レ旬相代、因二循前例一、可レ食二私粮一、唯勲位者免二夫妻口分租一、示レ別二白丁一、健士二千人勲八等已上千五百人勲九等已上五百人右分結二四番一、一月為レ番、唯屢経二戦場一、被レ霑二勲叙一、若同二白丁一、何以励レ後、伏請、在レ戍之間、特免二夫妻口分田租一、誘二士心一、

一停二止鎮兵一事

合壱仟人　膽澤城五百人　徳丹城五百人

右得二管諸郡司解一称、百姓苦レ役無レ過二鎮兵一、当レ戍之年妻子共赴、絶レ隣在レ遠無レ所二乞貸一、身迫二公役一不レ遑二耕作一、尽売二衣物一僅資二妻子一、帰レ郷之日裸身露頂、道程僻遠復無二路粮一、望二其旧居一応レ无二所処一、因レ斯規レ留二奥地一、

長絶二帰情一、山川迂遠無レ由二撿括一、

奥地米宛就郡先竭、職此之由、若停二鎮兵一加二兵士一、民無二弊苦一、兵得二強練一者、臣等議量、良有二道理一、何者番上之役、兵士六十日、調庸半輸、以レ旬相替、無レ妨二家業一、健士九十日、各食二公粮一、夫婦免レ租、課役全脱、兼預二考例一、一日為レ番、無二長戍之憂一、此民之安也、今見定課丁、三万三千二百九十人、勲七等以下五千六十四人、就レ中簡二点丁壮家業稍可者一、令二馬兵倶備一〔　　〕兵士、勒二彼鎮兵一、論二其強弱一、猶三婦女与二丈夫一、此兵之強也、前番後更、往来相代之間、兵常一倍、隊伍既定、戎具復備、縦有二機急一、応レ声可レ致、此兵之威也、今停二鎮兵一、徴二兵士一、相二折用度一、年中所レ剰四千一百束、此用之足也、安レ民足レ用、強レ兵威レ敵、臣等管見不二敢不一レ奏、

一分配番上兵士一千五百人　兵士一千人　健士五百人

胆沢城七百人　兵士四百人　健士三百人

玉造塞三百人　兵士百人　健士二百人

多賀城五百人　並兵士

右城塞等、四道集衢、制レ敵唯領、儻充二臣所一レ議、伏望、依レ件分配、以前奉レ勅、陸奥国司奏状如レ前、具任レ所レ請、逾勤二兵権一、不レ可二簡略一、

弘仁六年八月廿三日

『右城塞等、四道集衢、制レ敵唯領、』

多賀城は右城塞の一つであり、四道「国府（信夫郡）～胆澤城を結ぶ道と出羽国雄勝～桃生城を結ぶ道路」の交差部分に多賀城（宮沢遺跡）がある。出羽雄勝から百六十里（約80Ｋｍ）の多賀柵が多賀城に改修されたと考えられる。よって、名取郡近くの多賀城碑出土地は多賀城跡ではないと言える。また、多賀城は陸奥国衙ではなく陸奥国北辺の城塞であることが明記されている。

海岸から数十百里（約40～50Ｋｍ）の所に宮沢遺跡があり、貞観の大津波浸水域の里程とも合致する。

承和二年十二月三日三代格８３５年

太政官符

応下准二長門国関一勘中過白河菊多両剗上事

右得二陸奥国解一称、検二旧記一、置レ剗以来、于レ今四百余歳矣、至レ有二越度一、重以決罰、謹検二格律一、無レ見二件剗一、然則雖レ有レ所レ犯不レ可二輙勘一、而此国俘囚多レ数、出入任レ意、若不二勘過一、何用為レ固、加以進レ官雑物触レ色有レ数、商旅之輩竊買将去、望請、勘過之事、一同二長門一、謹請二官裁一者、権中納言従三位兼行左兵衛督藤原朝臣良房宣、

奉レ勅、依レ請、

承和二年十二月三日

太政官が『謹検ニ格律一、無レ見ニ件剗一』格律を注意深く調べたが白河菊多両剗は見られないと言う。

白河・菊田の両関は元来無かったと考えられる。陸奥国南部の熟蝦夷（古代の蝦夷のうち、朝廷に従順なもの。斉明紀「近き者をば熟蝦夷と名づく」）の南下を防ぐ関が必要なかったと考えられる。

菊多郡が置かれたのが養老二年（718年）であるから承和二年835年より四百年前に菊多関は存在しないであろう、太政官の言う通り菊多白河関は置かれていなかったと考えられる。

承和二年十二月四日続後紀・類史835年

夷俘出レ境、禁制已久、而頃年任レ意、入京有レ徒、仍下ニ官符一、譴ニ責陸奥出羽按察使幷国司鎮守府等一、

「夷俘出レ境、禁制已久」苅田以北の麁蝦夷（夷俘）から国府（信夫郡）を護るため信夫郡を割き伊達郡が置かれた。伊達郡と信夫郡を結ぶ通路は飯坂町十綱橋のみで、

信夫郡側に関門が作られた。福島市飯坂町道城が関門跡と考えられる。信夫郡側から見て道城の外側に鯖湖町がある。

『陸奥の　さはこの御湯に　仮寝して　明日は勿来の関を超えてん』西行法師

『陸奥の　信夫の里に　やすらひで　勿来の関を　越えへぞわずらふ』

新勅撰和歌集　西行法師

夷俘が国府以南に入る事を禁制する関門を「勿来の関」と歌枕にしたものと考えられる。

『聞きもせず　たわしね山の　桜ばな　吉野の外に　かかるべしとは』山家集　西行法師

広辞苑に【城】敵を防ぐための構築物。城塞。垂仁紀「稲を積みて—を作る」。とある。

道城の西側は小高い舌状地に大門、館ノ山、中野山塊が天然の要害状に連なっている。たらしね（東稲山）は道城西側の山塊と考えられる。

道城近傍には桜下、東桜瀬、西桜瀬など地名がみられ桜の名所であった名残である。

道城は摺上川（衣川）近くにあったため「衣川の関」の歌枕になっていた。

勿来の関と衣川の関は同じ関門である。

VI 陸奥国奥地の民、再び天変地異を恐れ逃げだし始める

承和四年四月十六日　〔紀略〕　８３７年

陸奥国言、玉作塞温泉石神雷響震動、晝夜不レ止、温泉流レ河、其色如レ漿。加以山焼谷塞。石崩折レ木、更作二新沼一、沸聲如レ雷。仍仰国司、鎮二謝災異一。

陸奥国言。玉造温泉石神が雷の如く響き地震がある、昼も夜も止まらない、温泉が河のように流れて、色は白濁し、加えて、山を焼き谷は塞ぐ、石が崩れ落ち木は折れる、更に新沼ができ、湧き上ぐ音は雷のよう、国司は仰ぎ見て、天変地異は祈れば鎮まると仰せる。

承和四年四月廿一日【続日本後紀】８３７年

陸奥出羽按察使従四位下　坂上大宿禰浄野馳レ傳奏言、得二鎮守将軍匝瑳宿禰末守牒一偁、

自二去年春一、至二今年春一、百姓妖言、騒擾不レ止、奥邑之民、去レ居逃出、事須下加二添、戍兵一、

静レ騒赴上レ農、又栗原、加美両郡百姓逃出者多、不レ得二抑留一者、臣浄野商量、防レ

禍静レ騒、
須レ慎二未然一、加以栗原、桃生以北俘囚、控レ弦巨多、似レ従二皇化一、反覆不レ定、
四五月所謂馬肥虜驕之時也、儻有二非常一、難レ可二支禦一、伏望差二發援兵一千人一、
四五月間、結般上下、
暫候二事變一、其粮料者、用二當處穀一、依レ例支給、但上奏待レ報、恐失二機事一、
仍且發且奏、

去年の春から今年の春に至るまで、百姓を惑わす噂があり、騒動が止まらない、奥地村の民は居を去り逃げ出しています、まもりの兵を付き添わせたなら、騒ぎは静かになり農地へ赴くでしょう。

また、栗原、加美両郡の百姓が多く逃げだす、（多賀城は加美郡部内にある）仰せの様に止められない、臣浄野はあれこれ考えました、禍を防ぎ、騒ぎを鎮め、未然に慎ませる必要があります。加えて以て、栗原、桃生以北の俘囚は多くの弓矢を準備しています、天子の徳化を受けたふりをし、繰り返し約束を破りしずまりません、四、五月は　いわゆる、馬が肥え、蛮族のおごり高ぶる時です、もし、非常事態が有れば、支え禦ぐことはできません、伏して望みます、四、五月の間を上下にわけ、援兵を一千人差し向けてください、暫く様子をうかがいます、その兵士の食料は当所の穀を用いて　支給例に従います、ただし、上奏の返事を待っていると　事変に対応できませ

ん、援兵を発するとともに奏上いたしました。

「栗原、加美両郡百姓逃出者多」玉造塞の地震（天変地異）が端緒となって宝亀五年からの蝦夷叛乱と同様に陸奥国全域が騒乱に巻き込まれる事を恐れ奥地の百姓は居を去り逃げ出したと考えられる。

承和六年（八三九）四月丁丑【廿六】

勅符陸奥守正五位下良岑朝臣木連。鎭守將軍外從五位下匝瑳宿禰末守等。得今月十三日奏狀。知調發援兵一千人。案奏狀稱。災星屢見。地震是頻。奥縣百姓。多以畏逃。又膽澤多賀兩城之間。異類延蔓。控弦數千。如有警急。輸可支禦。須徴發援兵。靜民赴農。又多賀城者。爲膽澤之後援。不益兵數。何以救急。伏願。依件加配。四五月間。結般上下。暫候時變。其粮料者。用當處穀。但上奏待報。恐失機事。仍且發且奏者。兵不豫備。不可應機。今依請許之。宜能守要害兼制權變。

『災星屢見　地震是頻。奥縣百姓。多以畏逃』宝亀五年の天体異常現象に伴う飢餓と蝦夷叛乱の再来を恐れ妖言《ようげん》が流布した。災星と地震と飢饉と蝦夷の叛乱を関連付け恐れ奥地の百姓等が逃げ出し始めた。

『膽澤多賀兩城之間。異類延蔓』胆澤城と多賀城は比較的近距離（約70Ｋｍ）の場所にあり、その間に異類（麁蝦夷）が蔓延していた。

『多賀城者。爲膽澤之後援』多賀城は膽澤の後援である。

何度も繰り返すが多賀城は胆澤地方を援助する城で国府（国衙）ではない。

承和十年四月十九日【続日本後紀】８４３年
陸奥国言、諸國軍穀等欵云、兵士年役、六十箇日、分結二六番一、以レ旬相代、口食二私粮一、身直二城塞一、而道路遼遠、鎮疲二往還一、家居少レ日、何濟二産業一、因レ茲逃散者多、民不レ安レ堵、望請、更加二一千人一、與レ本幷八千人、分結二八番一、延二被番程一、以息二弊兵一、唯不二便置一レ團、周加二諸團一者、許レ之、
陸奥国言　諸国の軍穀等に関する条令では　兵士の年役を　六十日を六番に分け十日毎に相代え　私粮を食べ　城塞に身をおく　道のりが遠く　鎮守の往還に疲れ家に居る日は少ない　どうして生業をなし遂げるのか　この事により　逃散する者が多い　民は居に安住しない
請願します　更に一千人を加えてください　本貫に与し合せ八千人で八番を結び番程を延し　疲れた兵を休息させる　ただ都合のため団は置かない　あまねく諸団に加える　これを許す

斉衡元年四月二十八日［文実］　854年

陸奥国奏曰、去年不レ登、百姓困窮、兵士逃亡、已乏二屯戍一、今虎狼之類、争事二強盗一、逆乱之萌、近在二目前一、請発二援兵二千人一、以備二不慮一、勅許レ発一千人一、

【登】みのる。成熟する。穀物が熟する。の意味がある。

陸奥国奏上いわく　去年は穀物が実らず　百姓が困り苦しんでいます　兵士が逃亡し　已に屯戍が足りません　今虎狼（蝦夷）の仲間が　争い強盗しています　謀反騒乱の萌しは目前です　援兵二千人を発してください　以て不慮に備えるためです　一千人を発すと勅許

齊衡二年正月十五日【文徳實録】　855年

中納言正三位安倍朝臣安仁為二陸奥出羽按察使一、民部卿如レ故、従五位下文室朝臣道世為二下野権介一、鎮守将軍如レ故、（公卿補任）陸奥國奏曰、奥地俘囚等、彼此接レ刄、殺二傷同種一、事須三警備以防二非常一、仍且差二發援兵二千人一、許レ之、

奥地の俘囚等が刃を手に入れ、俘囚同種が殺傷しあう　非常事態を防ぐため警備が必要です、援兵二千人を差し向けてください、援兵二千人を差し向ける。

齊衡二年正月廿七日【文徳實録】　855年

陸奥國飛驛奏、請レ加二發援兵二千人一、勅曰、夫邊要之寄、安危所レ繋、愼レ微慮レ萌、理固宜レ然、但時臨二農要一、人競二耕稼一、而多動二士衆一、遠行屯戍、恐懐二患役之嗟一、終乏二如歸之志一、凡用レ兵之道、未二必貴一レ多、苟奮二其力一、一以當レ千、宜下便簡二抜近城兵一千人一、和二誘其心一、

精二練其武一、能守二衝要一、以備中機急上、又知二騒擾之由一、發二於飢困一、故賜二賑給粮籾一萬斛一、事須下不レ論二民俘一、務加二優恤一、開以二恩恵一、慰中其窮窘上、

陸奥国飛嶧奏　請いより援兵二千人加え発す　勅曰く　それを辺境の要害に送り届ける　国の安危につながる所　小さな事にも気を配り　前兆を慮り　おさめかためるべし　但し農業の重要なときに臨み　人が田畑を耕し種まきする　しかして　多くの士衆を動かし　遠くの屯戍に行かせば　役を憂い嘆きを懐く恐れあり　終には帰る志も乏しくなる　凡そ、兵力で治める方法は、必ずしも多くは貴くない、かりそめにその力を奮えば、一が千に当る　近くの城兵一千人を選び抜き出し　心を和ますよう導け　その武術の訓練し要衝の守を良くし　以て機急に備えよ

また、騒ぎ乱れる理由が判った　飢困が原因だ　それ故　粮籾一万斛を貧民にほどこしあたえる　民や俘囚を区別せず手厚く施し始め　そのせっぱつまった苦しみをなぐさめよ、

貞観二年九月二十七日［三代格六］　８６０年

太政官符

応下准二大宰府一全給中鎮守府公廨上事

右得二正三位中納言兼陸奥出羽按察使平朝臣高棟解一称、鎮守府解称、辺垂之吏去レ郷遼遠、公廨之外無二復資粮一、而至レ有二未納一、抑而不レ行、今案二去承和五年六月廿一日格一称、

大宰府司公廨雖レ有二未納一、以二正税一、全給者、商二量事由一、陸奥太宰、東西雖レ殊、辺戍警備、労苦是一、望請、准二彼府例一、以被二全給一、其代令二当国徴填一、者、

右大臣宣、奉レ勅、依レ請、

　　貞観二年九月廿七日

貞観六年三月廿七日【三代實録】　８６４年

正三位行中納言源朝臣融加二陸奥出羽按察使一、本官如レ故、

父：嵯峨天皇、母：大原全子　【行】令制で、官位を称する際、官が位に相応せず低い官である場合に挿入する語。守。「正二位行大納言」

貞観十一年（８６９年）正月十三日：去陸奥出羽按察使

貞観十一年二月廿日［三代格一五］　869年
太政官符
応㆑給㆓鎮守府府掌㆒人職田各㆓町㆒事
右得㆓陸奥国解㆒称、鎮守府牒称、検㆓案内㆒、依㆓太政官去承和十年九月十九日符㆒、准㆑国置㆓府掌二員㆒、夫府掌之職府国惟同、而久経㆓年祀㆒未㆑給㆓職田㆒、望請、准㆑国被㆑給㆓件田㆒者、国依㆓牒状㆒、謹請㆓官裁㆒者、
中納言三位陸奥出羽按察使藤原朝基経宣、奉㆑勅、依㆑請、
　　貞観十一年二月廿日

鎮兵は弘仁六年に停止され、鎮守府は国府（信夫郡）の宮城（宮代）に戻ったと考えられる。

Ⅶ　貞観の大津波は大崎平野や太平洋沿岸部の農地を荒廃させた

貞観十一年五月廿六日　［三実・紀略・類史一七一］　８６９年

陸奥國地大震動　流光如晝隱映　頃之　人民叫呼　伏不能起　或屋仆壓死　或地裂埋殪　馬牛駭奔　或相昇踏　城（郭）倉庫　門櫓墻壁　頽落顛覆　不知其數　海口哮吼　聲似雷霆　驚濤涌潮泝洄漲長　忽至城下　去海數十百里　浩々不辨其涯諸　原野道路　惣爲滄溟　乘船不遑　登山難及　溺死者千許　資産苗稼　殆無孑遺焉

陸奥国の地、大地震、光が流れ、昼の如くほのかに映す、この時、ひとびとは大声でわめき、伏して起きられず、あるいは屋たおれて、圧死し、あるいは地裂けて埋しぬ　馬牛は驚き走り、あるいは互いに昇り踏みあい、城郭・倉庫、門櫓・墻壁（土や石で築いたへい）など崩れ落ちひっくり返る、その数知れず、

海口（川が海に通じる所）が哮（ほえ叫ぶ。けものが太い声でほえ）吼（獣のうなり声）をあげ、激しい雷の様な音だ、巨大な大津波が海口から涌き出し、洄（水はうずまき流れ）泝川を遡り陸地に上って、ふくれあがり、たちまち、城下に至る　海を去ること数十百里（40～50Ｋｍ程度）　多くの浸水域の涯は語り尽くせないほど　原野、道路、総て滄溟（あおうなばら）になった、船に乗るいとまもなく、山に登ることも難しかっ

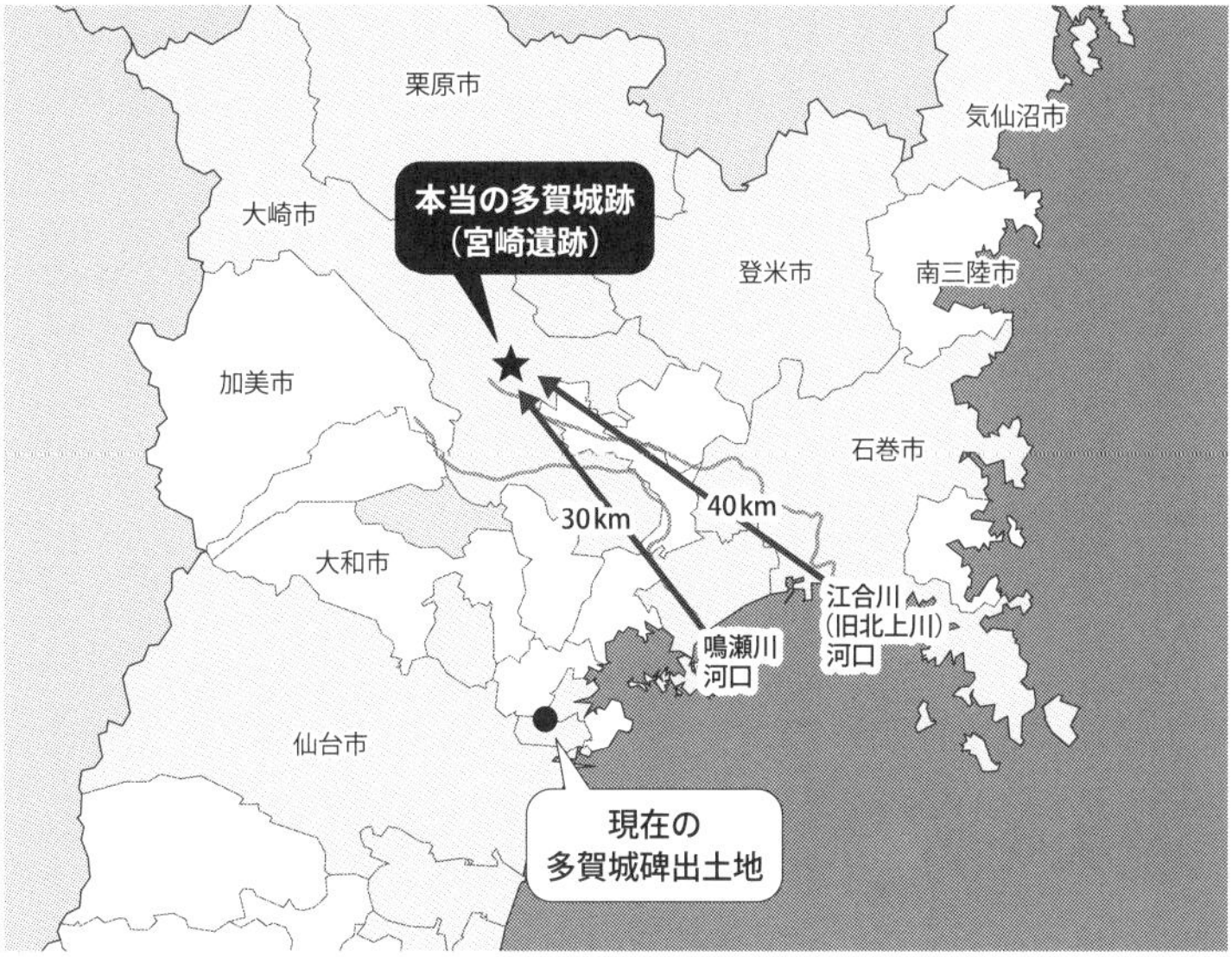

た、溺死者は千人ほど、資産苗稼のほとんどひとつとして残らなかった。

この記録は貞観の大津波が多賀城下に到達した記録とされている。

続日本紀に記す多賀城は宮城県大崎市の古川宮沢・長岡・川熊の各地区にまたがる宮沢遺跡と考えられた。

貞観津波が宮沢遺跡（多賀城下）に至った可能性を土地の起伏・形態・水系から地形図で確認した。

去海數十百里、海岸から四～五十キロメートル内地の城下まで津波が押し寄せ、あたり一面の原野道路が青海原の如くなる。

石巻市旧北上川河口～（龍ノ口山と石坂山の谷間）～江合川～宮沢遺跡まで約40Km。

石巻市砂押～（龍ノ口山と石坂山の谷間）～江合川～宮沢遺跡まで約40Ｋｍ。東松島市鳴瀬川河口から宮沢遺跡まで40～50Ｋｍである。両海口から宮沢遺跡付近までの平地の標高が10～20ｍ以下である。もし、津波の波高が二、三十メートル以上であるならば宮沢遺跡（多賀城）近くの平野全域が浸水域となる。大崎平野の標高20ｍ以下であり、津波が旧北上川江合川と鳴瀬川の河口から遡上し大崎平野を浸水させた。

一　石巻湾～旧北上川～江合川狭窄部（石坂山と龍ノ口山の谷間）を遡上し涌谷、大崎平野を浸水させ宮沢遺跡（多賀城）付近まで至った。龍ノ口峡谷部で海水が湧出たため涌谷という地名が付けられたと考えられる。

二　石巻湾～鳴瀬川河口～日照沢～鳴瀬川流域を遡上し大崎平野に流れ込み宮沢遺跡（多賀城）に至った。

東松島市鳴瀬川海岸部両岸の小高い山地の間を津波は雷鳴の如く鳴り響かせながら遡上した。

海口部を抜けると津波の幅が膨張し遡り大崎平野全域を浸水させた。雷鳴の如く響き津波が遡上した川であるから、鳴瀬川と名付けられたと考えられる。

国土地理院地形図で標高別に着色すると標高五メートル以下の土地が加美、栗原まで広範囲に及ぶことが確認できる。この事から津波は海から数十百里（数十〜五十キロメートル）内陸部の多賀城下まで浸水させたと記す記録と符合する。

大崎市宮沢遺跡付近まで津波が押し寄せた事が確認できる。


多賀城は出羽雄勝から百六十里、海口から数十百里の所にあり、海口から多賀城に至る平野は海抜二十メートル以下である。三十メートル以上の津波であったなら多賀城下の大崎平野は水没して海原の如くなった。

貞観の大津波は太平洋沿岸部と内陸部の多くの農地を海水で水没させ農作不適地に変えてしまった。塩害が消失するには長い年月を要するため百姓等はあきらめ去った。奥地の玉造温泉地震や飢饉で百姓や兵の逃げ出しが多発するなか、貞観の大津波で大崎平野や沿岸部の平野は荒廃し律令支配が成り立たず郡衙も廃絶された。名取郡近くの官衙（通称多賀城跡）も同時代に廃絶された。

国土地形図を標高5ｍ、10ｍに着色すると大崎平野や登米市平野部が浸水域となる。２０１１年の大津波は幸い大崎平野に浸水が及ばなかった。貞観の大津波は今回の大津波を越える規模であったと推察される。

貞観十二年九月十五日三実８７０年

遣下二新羅人廿人一、配二置諸国上（中略）潤清等十人乎波陸奥国爾退給波久止宣、
潤清、長焉、真平等、才長二於造瓦一、令下長二其道一者相従伝習上、

貞観十五年九月廿三日三代格一四８７３年

太政官符

応以下致二虚納欠損一国司公廨上先補レ所レ欠事

右得二陸奥守正五位下安倍朝臣貞行解状一称、国中之政莫レ重二収納一、然則分配之吏可レ勤二其事一、而任用之官不二必其人一、或被レ誘二郡司税長一、以レ藁為レ稲、或見レ賂二富饒百姓一、以レ虚為レ実、徒有二入札之名一、遂致二欠負之弊一、須三依レ格科レ罪以期二懲革一、而偏貪二俸料一、不レ畏二憲法一、望請、至二如レ此類一、先奪二公廨一、然後科坐、若欠物居多公廨数少、長官已下相共填納、謹請二官裁一者、右大臣宣、依レ請、諸国准レ此、

虚納欠損が生じた場合は国司の官物を用い欠損を補うことの解状に応える

右の案件は陸奥守正五位下安倍朝臣貞行の解状による

国中のまつりごとが収納の時期と重なり　則ち分配の役人が収納の勤めを兼務した

しかるに　任用の役人が必ずしもその業務をおこなうわけではない　あるときは郡司

税長を誘いこみ　藁を稲と偽り　あるときは　豊かな百姓が賄賂を使い　虚を以て実と為す　入札は名ばかりであり　遂に欠損が生じた　格式に依りその罪は必ず科める
しかして　ひとえに俸料をむさぼり　憲法を畏れない
請い望む　この類いの件があれば　まず先に公廨（稲）を奪い　しかる後に罰する
若し、欠物が多く公廨（稲）が少なければ　長官以下の役人が共同し埋め合せ納める　謹んで官裁を請います
右大臣のたまう　請いにより、諸国も此をよりどころにせよ

仮に多賀城が国府であったなら津波の被害で国府付近の農地は荒廃し近郷に富饒な百姓は居ないと考えられ、文意と合致しない。
信夫郡（国府）は海抜六十メートル程度の所にあり津波の被害がなかった所であり文意と合致する。

貞観十五年十二月七日【三実】８７３年
先レ是、陸奥国言、俘夷満レ境、動事二叛逆一吏民恐懼、如レ見二虎狼一、望請准二武蔵国例一、奉レ造二五大菩薩像一、安二置国分寺一、粛二蛮夷之野心一、安二吏民怖意一、至レ是許レ之

貞観十五年十二月七日

貞観の大津波で奥地の百姓等が逃げ還り、奥地の俘囚達も国府（信夫郡）の境界部へ押し寄せ満ちあふれた。

役人や民衆は俘夷の叛逆に恐れおののき、虎狼を見る如くである、請い望みます、武蔵国の例に準じ、五大菩薩像を造り国分寺に安置奉ってください、蛮夷の野心をつつしませ、役人や民衆の恐れをしずめてください。

ここに、之を許す

貞観十五年十二月廿日三代格六８７３年

太政官符

応三在前舂二送国司鎮官年粮一事

右得二陸奥国解一称、検二去大同五年五月十一格一、此国元来国司鎮官等、各以二公廨一作レ差、令レ舂二米四千余斛一、雇レ人運送以二年粮一者、改二修是格承前国司、当年収納之時、予留二出挙稲一、令レ舂二公廨半分一、至レ時宛用、行来為レ例、今商二量事意一、在前舂二用官稲一、曾無レ所レ拠、若停而不二舂送一、遠郷吏無レ隣二乞貸一、望請、減二省往年之数一、在前令レ舂二五分之一一、然則吏無二飢餓之苦一、民少二舂運之煩一、謹請二官裁一者、右大臣宣、奉レ勅、依レ請、

大同五年の「国司鎮官年粮に運送賃の上乗せ支給格」を改め、当年収納の時、予め出挙稲を留め置き公廨稲の半分を舂き必要な時に用いることを通例にしたい。いまその事をあれこれと考えている、以前は官稲を舂き用いる事もあったがその根拠は無い、もし、舂き送らず停止したなら、遠郷の役人に乞い借りる隣人もいない、望み請う。往年の数が省かれ減少しています、五分の一を舂かしめ在れば、則ち役人の飢餓の苦しみは無くなり、民も舂き運ぶ煩いが省ける、謹んで官裁を請います。右大臣がのたまう、請いに依り、勅をうけたまわった。

貞観十五年十二月二十三日三実８７３年

正五位下行陸奥守安倍朝臣貞行起二請二事一、

其一事曰、爵禄之興、為レ優二功績一、然則授叙事、当レ必二其人一、而此年国司不レ依二労効一、任レ意授レ爵、由レ是預レ禄者衆、調物減耗、所司勘出、歴代不レ絶、望請夷俘位階、毎年立二叙法一、選二有功之胤一、随二年之闕一、叙二補廿人已下一、其二事曰、国中之政、莫レ重二収納一、然則分配之吏、可レ勤二其事一、而任用之官、未二必其人一、或被レ誘二郡司税長一、納レ藁為レ稲、或見レ賂二富饒酋豪一、以レ虚為レ実、須下拠二格旨一必科中其罪上、而偏貪二俸料一、不レ畏二有罪一、望請奪下致二虚納欠損一国司之公廨上、先補レ所レ欠、然後科責、公廨数少、長官已下相共填納、太政官処分、依レ請、

Ⅷ　陸奥国府境界関門の守りを強化する

元慶四年九月五日　三代格一八　８８０年

太政官符

応レ禁断諸人濫入二関門一事

右得二陸奥守従五位上小野朝臣後生解状一偁、検二案内一、關門有レ禁、其来久矣、而頃年遊蕩之輩往還任レ情、煩二擾吏委民一、雖レ加二厳制一、習俗難レ革、望請、官裁、内外官人及諸司家雑色等、

非レ就二公事一、犯レ法濫入者、禁二固其身一、即将言上、但毎レ月結番、差二一分一人一、令レ守二関門一、若致二脱漏一者、解二却見任一、以懲二将来一者、

従二位行大納言兼近衛大将源朝臣多宜、奉レ勅、依レ請。

先例を調べると関門に古くから掟があった。しかし、近頃、放蕩の輩が情に任せ往還している、役人は煩わしい仕事を民に委ね、厳制を加えると雖も、習俗は革め難い、太政官の裁きを望み請います。内外官人及び、諸司雑色（諸司の品部及び使部）等が公事に就かず、法を犯し濫入すれば、その身を禁固し、即、引き連れ、言上せよ。

ただし、月、一分（史生）一人を結番で差し向け関門の守りに就かせよ。若し脱漏致したなら解却し将来も懲しめる。

遊蕩の輩が情に任せ往還するため、史生を関門の監督に順番で当らせる。

放蕩の輩が男女の情を交わすために往還していることから、関門付近に遊興施設（温泉宿）があった。

この関は「下紐の関」または放蕩人来る勿れ、より「勿来の関」、衣川（摺上川）近くにあったから「衣川の関」などの歌枕になったと考えられる。遊蕩の輩が情に任せ往還していることから飯坂温泉道城町〜大門〜舘山付近にあったと考えられる。飯坂温泉は摺上川（衣川）を境に伊達郡と信夫郡（国府）の両郡があった。

『東路の　はるけき路を　生きめぐり　何時か解くべき　下紐の関』
詞華和歌集　太皇大后宮甲斐

『あい見じと　思ひかたむる　仲なれや　かく解け難き　下紐の関』
六百番歌合　藤原季経

『道奥の信夫の里に妹をきて勿来の関を越ぞ託ぬる』西行法師

『東路の信夫の里に休らへて勿来の関を越えぞ煩う』西行法師

『逢隈をいづれと人に問つれば勿来の関のあなた成けり』夫木詠み人しらず

逢隈は阿武隈川河口部の宮城県亘理郡亘理町逢隈である。
信夫の里と逢隈の間に『勿来の関』があったことを、これら歌が示している。
遊蕩の輩が関門を往還していることから関門近くに遊郭があったと考えられる。
信夫郡北部の摺上川（衣川）両岸を結ぶ十綱橋付近に勿来の関（下紐の関、衣川の関）があった。

勿来の関は放蕩の輩来るなかれ、麁蝦夷来るなかれと二つの意味を込め呼称したものと考えられる。伊達郡と国府（信夫郡）は衣川で隔てられ往還道は飯坂温泉十綱橋で結ばれていた。従って、衣川関（勿来の関）は信夫郡側に置かれていた。

いわき市勿来の関跡は江戸時代に推定された場所であり、前述の如く白河の関や菊多関は元来なかったことが太政官符に記されている。いわき市の勿来の関の跡と比定された場所は発掘調査で関の痕跡を確認できなかったのは当然である。

元慶　年　月　日　三代格十八877年から885年までの期間を指す
太政官符
応レ給ニ七団軍毅主帳卅五人粮米一事
　国府廿人　　鎮守府十五人
右得ニ陸奥国解一称、件軍毅等不レ顧ニ私業一、昼夜勤戌、辺要之備啻在ニ伊人一

方今健士兵士等全食二官粮一結番直任、至二于軍毅一□団□常苦二粮食一、
望請、「　　　　」人粮准二太宰府統領一、以二正税一被二宛給一、
謹請二官裁一者、正三位行中納言兼民部卿藤原朝臣冬緒宣、奉レ勅、依レ請、

七団軍毅主帳卅五人の粮米支給に応える
国府二十人　鎮守府十五人
右は陸奥国からの上奏文から得た　くだんの軍毅等は私業を顧みず　昼夜の守りに就き勤めている
返要（国境の要地）の守る人は　国府、鎮守府の役人ばかりではなく伊人もいる
現今　健士兵士等の全食は官粮を食し、結番の任に当たる　「至二于軍毅一□団□常苦二粮食一」
ここに至り軍毅□□□□常に粮食に苦しむ
望請「　　　　」人の粮を太宰府統領に準じ　正税を宛てていただきたい
謹んで官裁きを請いた　正三位行中納言兼民部卿藤原朝臣冬緒宣、奉レ勅、依レ請、
国府（信夫郡）防禦のため信夫郡を割き伊達郡が建てられた。
伊人達が防禦に加わったことから、伊人達に因み、伊達郡と名付けられたと考えられる。

伊達郡は飯坂町茂庭〜摺上川以北〜阿武隈川東岸の広瀬川沿いに伊達郡川俣町飯坂を含む地域が伊達郡であるが、何故か、伊達郡川俣町飯坂と福島市飯坂町に飯坂と言う地名が存在する。

仮説であるが、夷人と伊人の居住域の境に飯坂があることから、夷伊境が飯坂の語源となったと考えられる。

地形図で飯坂町山中摺上川上流部飯坂から広瀬川上流部伊達郡川俣町飯坂まで伊達郡である。

陸奥国府を防禦するため国見防塁が作られ、その延長線上の梁川町大門から川俣町飯坂までの広瀬川沿いの山地が天然の要害として利用されたと考えられる。

大伴家持の提言の通り、鋒を万里に推し国府防禦の真郡が建てられた。

【伊】「人」＋音符「尹」。「尹」は、手で神杖を持った様を表わす象形文字。伊は神の意志を伝える聖職者。治める人の意を表す。調和をさせる様、殷初期の伝説の宰相伊尹（いいん）に因み嘉字とされ、人名、地名に用いられる。

「古い中国には「伊人」という名詞を使って、やまとなでしこのような女にたとえます。顔はいいですし、熱心に家事をしますし、人に親切にしますし。「所謂伊人、在水一方」の詩は有名で、「伊人」はあの川のそばにいるという意味だろうと思います。どうして「伊人」は川の近くにいるのですか。多分、「伊人」は水と同じように優しいのです。」

【イ族】イ族は中国西部の古羌の子孫である。古羌は、チベット族、納西族、羌族の先祖でもあるといわれる。イ族は南東チベットから四川を通り雲南省に移住してきており、現在では雲南に最も多く居住している。

この民族の民族名は「夷」「烏蛮」「羅羅」「倮倮」など多様に存在し、蔑称の「夷」が通称であったのを、中華人民共和国成立以降に同じ音である「彝」の字に統一した。語順は日本語に似ていて、主語＋目的語＋動詞の順に並べられる。動詞、形容詞に活用はないが、子音の交替によって、自動詞と他動詞或いは使役形で示されたり、一部の名詞や代名詞が声調の変化によって目的格を示すといった、内部屈折が認められる。[11]

寛平七年十一月七日三代格五８９５年
太政官符
応レ停二止遥授陸奥出羽按察使太宰帥等傔仗一事
右中納言兼右近衛大将従三位春宮大夫藤原朝臣時平宣、奉レ勅、
遥授官員不レ赴二洲府一、凡其傔仗於レ無レ益、自今以後、宣レ従二停止一、
【遥授】古代、国司に任命されても、実際に赴任執務することを免除されたこと。
【傔仗】律令制の日本において辺境の官人に与えられ、護衛の任についた武官。
遥授陸奥出羽按察使が洲府（陸奥国府）に赴かず、遥任官員に傔仗は無益であり今後停止する。

陸奥出羽按察使の任地陸奥国府は洲府とも呼称されたことが分かる。洲は水流に運ばれた土砂が堆積して、河川・湖海の水面上に現れた所。洲のなかにある陸奥国衙ゆえに洲府と呼称されたと考えられる。

陸奥国衙は元来役人の居館ではない。豊臣秀吉の太閤検地により国衙・国衙領が廃止され、木村吉清が居館を大森城から杉の目城（旧国衙）に移し、国府の島、府島を語呂良く福島に変え、福島城にかえたと考えられる。

天慶三年二月廿五日紀略　９４０年

今日、信濃国馳駅来奏云、兇賊平将門、今月十三日於二下総国幸嶋一合戦之間、為二下野陸奥軍士平貞盛藤原秀郷等一、被二討煞一之由。

【煞】あやめる。殺す。

永観三年四月廿四日小右記　９８５年

陸奥守為長貢二御馬一疋一、解文中載二四疋一、而於二上野国一、為二強盗一被レ射二殺二疋一、今一疋盗執、今日有下可二御覧一之仰上、下官令レ奏云、警固之間未レ見覧二御馬一之事、今日解陣之後御覧如何、仰云、猶可二御覧一者、又覧二左右馬寮一疋等一、陸奥国司貢馬叡覧之後、給二左馬寮一、未時許罷出、依レ召参レ院、（後略）

永観三年四月廿五日小右記　９８５年

奉二一箇日仮文一、依レ召参レ殿、被レ仰二雑事一之次、令レ問二昨日貢馬事等一、被レ命云、陸奥国貢馬、延喜天暦御時不二令レ留給一云々者、式部丞為時云、前日依レ有二御気色一、仰二遣此由一、仍所二貢進一者、（後略）

【式部為時】藤原為長の兄弟　藤原為時　紫式部の父　式部は為時の官職名

長徳元年九月廿七日紀略　９９５年

今日、陸奥守實方朝臣奏二赴任之由一。於二殿上一給二酒肴一。於二晝御座方一給レ禄。叙二正四位下一。為二重喪者一給二精進肴一。

寛弘三年三月九日類聚符宣抄　１００６年

太政官符陸奥国司外

応下以二正六位上平朝臣八生一補中任押領使職上事

右得二被国去長保五年三月十日解状一偁、謹検二案内一、此国北接二蛮夷一南承二中国一、奸犯之者、動以劫盗、仍試以二件八生一、為二国押領使一令レ行二追捕事一、凶賊漸以刊レ跡、部内目以粛清、見二其勤公一、最足二採用一、抑八生、故武蔵守従五位佐上平朝臣雅弟、同公基男也、門風所レ扇、雄武抜レ群、望請官裁、以二件八生一、被レ補二任

押領使一、将下励二翹勇之心一、弥領中狼戻之俗上者　従二位行権中納言兼中宮大夫右
衛門督藤原朝臣斉信宣、
依レ請者、国宜二承知依レ宣行一レ之、符到奉行、　【長保五年】１００３年
右少弁（広業）　左少史

太政官符陸奥国司外
正六位上平朝臣八生を以て押領史職補任に応える
右の陸奥国からの去る保五年三月十日上申書についてはかる
あやまちがないように先例をあらためた　陸奥国の北は蛮夷とむかいあい　南は国
の中央部を受け入れた
心がねじけ　おびやかし盗みをはたらき乱す者がいる　したがって　試みに平朝臣
八生を陸奥国押領使と為し　追捕事を行なわせしめた　凶賊事件はやや少なくなった
部内は目（さかん）に粛清させた
その働きぶりを見て　採用し補う（中略）
依レ請者、国宜二承知依レ宣行一レ之、符到奉行

陸奥国域は志波城付近まで拡張したが、天変地異で奥地の百姓等が逃げだし、苅田

以北～胆澤付近の律令支配は放棄され、伊達の大木戸以南が律令支配を受け入れていた。

徳丹城や胆澤城の鎮兵は九世紀に停止され、鎮官府（鎮守府）は宝亀十一年に征東将軍の造った衣川（摺上川畔）の宮代（宮城）に戻っていたと考えられる。貞観の大津波以降は苅田以北の律令支配は放棄され多賀城市の多賀城跡（郡衙跡）とされる遺跡も廃絶された。

天喜四年八月三日帝王編年記　１０５６年

前陸奥守兼鎮守府将軍源頼義可レ追二討安倍頼時一之由、被レ下二宣旨一合戦、

天喜五年八月十日扶桑略記　１０５７年

前陸奥守源頼義襲二討俘囚安倍頼時一、之間、給二官符東山　東海両道国一、可レ運二充兵粮一之事、公卿定申、又下二遣官使太政官史生紀成任、左弁官史生惟宗資行等一。

「百錬抄第四」　康平五年十一月三日　１０６２年

前陸奥守頼義言下上梟二俘囚貞任等一之由上。去九月十七日於二厨川柵一斬レ首云々、

聞二食此由一有二叡感一。

太政官厨家領は陸奥国安達荘・常陸国石崎保・越中国黒田保・同中村保・若狭国国富荘・近江国細江荘・安芸国世能荘・同荒山荘等である。（宮内庁書陵部所蔵の壬生家文書）

陸奥国安達庄は太政官厨家領であった。

俘囚貞任とあるが、陸奥守正五位下安倍朝臣貞行、清行兄弟等の末裔が荘田や公田を経営して年貢・公事を納付する農民＝田堵であった可能性が考えられる。

康平六年二月十六日百錬抄第四　１０６３年

源頼義斬二俘囚安倍貞任、同重任、藤経清等首一云々。

康平七年三月廿九日【朝野群載第十一】　１０６４年

太政官符　伊予国司応レ安二置便所一・皈降俘囚安倍宗任、同正任、同貞任、同家任、沙弥良増等五人、従類参拾弐人事

宗任従類大男七人

正任従類廿人大男八人　小男六人　女六人

貞任従類大男一人

家任従類三人　大男一人　小男一人
沙弥良増従類　一人
部領使正六位上行鎮守府将軍監藤原朝臣則経従類三人
右得二正四位下行伊予守源朝臣頼義。去月廿二日解状一偁、
謹検二案内一、皈降之者、先日注二交名一、早経二言上一、随則被レ下二給官符一偁。件人等可レ随二後仰一者。於二陸奥国一、雖レ待二裁下一、既無二左右一、仍抽二為レ宗故俘囚首安倍頼時男五人一、随身所ニ参上一也、抑宗任破二衣河関一之日、去二鳥海之楯一籠二兄貞任嫗戸之楯一、相共合戦、然而貞任等被二誅戮一間、被レ疵逃脱、其後棄二拋兵仗一、合掌請レ降、即跪二陣前一悔二前悪一、正任被レ落二衣川関一、迯二小松楯一之刻、相二具伯父僧良昭一、逃二走出羽国一、守源朝臣斉頼、聞二此由一、囲二在所一之間、迯二入狄地一、去年五月称レ奉二命於公家一、所ニ出来一也、貞任合戦之間、依レ有二身病一、不レ与ニ今度之軍一云々、然而被レ落二所々楯一之由、依レ無レ所レ遁レ身、請レ降出来、沙弥良僧俗名則任、従二最初戦之庭一、被二追散一之後、為レ助二身命一忽出家、即以レ母為レ先、合掌出来、家任籠二嫗戸之楯一、為レ兄共合戦、而貞任・重任・経清・被二誅殺一之際、交二歩兵之中一迯脱、経二一両日一之後、束レ手露レ身出二来軍中一者、正二位行権中納言兼宮内卿源朝臣経長宣、奉レ勅。件宗任等忽悔二旧悪一、已為二降虜一、推二其情越一、何不二矜憐一、宣仰二同党類一、相共移二住便所一永為二皇民一。支ニ給衣粮一

者、国宣二承知依レ宣行一レ之。路次之国、宣レ給二食馬一、符到奉行。

右大史小槻宿禰孝信

左中弁藤原朝臣泰憲

延暦八年に摺上川は衣川と呼称されていた。衣川以北と広瀬川沿いの一帯を信夫郡から分離し伊達郡を建てた。国府（信夫郡）を防禦するための緩衝地帯を伊達郡としたと考えられる。

衣川以北の伊達郡と信夫郡を結ぶ道は飯坂十網橋を通る道で関門が設けられていた。その痕跡が地形図上の地名と歌に詠まれている。十網橋の信夫郡側に道城町、大門、鬼越、館ノ山は関門の痕跡を示す地名である。

衣川の関、勿来の関は歌枕で、川の名や願いを込めた名称である。大門の近くに鯖湖町という地名が歌に詠まれている。西行法師の歌に『陸奥の　さはこの御湯に　仮寝して　明日は勿来の　関を越えてん』『陸奥の　信夫の里に　やすらひで　勿来の関を　越えへぞわずらふ』また、詠み人しらず『あぶくまを　いづれと人に　とひつれば　勿来の関の　あなたなりけり』夫木和歌集　詠み人知れず（あぶくま）は阿武隈川河口の地名であり信夫郡（国府）と逢隈の間に勿来の関があった。

摺上川と衣川は同じ川であり、衣川近傍の衣川関と勿来の関は同じ関門である。

『おさふれど涙でさらにとどまらぬ衣の関にあらぬ袂は』西行法師
『さして行く衣の関のはるけさは　たちかへるべきほどと知らるる』橘為仲朝臣集
橘為仲は承保三年（１０７６年）陸奥守として下向し、衣川の関の遙か先、苅田以北は律令支配が放棄されていたことを知っていた証拠と言える。
『みちのくの国にまかりけるとき勿来の関にて花の散りければ読める』
『吹く風を　勿来の関と　思へども　道も狭にちる　山桜かな』千載和歌集　源　義家
（花を散らす風は「来るな」と言う勿来の関には来ないはずだが何と道いっぱいに山桜が散っているとは。）
飯坂八幡神社西側の飯坂小学校の地名は「桜下」。飯坂線花水坂駅の東側に「東桜瀬、西桜瀬」という地名が残され、昔は桜の名所であった証拠である。
『尋ねばや　信夫の奥の　さくらばな　風に知られぬ　いろやのこると』
新後選和歌集　藤原定家
勿来の関（信夫の奥の衣川の関）付近が桜の名所であったことがわかる。
飯坂町大門の南側に鬼越という地名がある。鬼越は安倍貞任一族が衣川の関を破り信夫郡（国府）へ乱入した場所と考えられる。
鬼越から南の鬼越山麓の十六沼付近が鳥海楯であったと考えられる。鳥海の鳥は「ト」で蝦夷語を湖沼の意味で、海は「あたり一面に広がった沼地の様子を示す語」

であるから、十六沼は数多くの沼があたり一面に広がっていた場所を示す語である。

小松楯は伊達郡柔折町松原付近と考えられ、そこから、摺上川（衣川）沿いに出羽国へ逃げ、出羽守源斎頼に追われ逃げたが出家し、合掌し降参した。宗任等はことごとく旧悪を悔いあらためた。憐れみの心で、党類を移住させ皇民にし、衣や粮を支給し、路次の国々に馬と食を給すよう命じ、官符が届いたなら、命令に従え。

陸奥話記に見られる六郡は白河・石背・会津・安積・伊達・信夫（国府）と考えられる。

これらの合戦は陸奥国府（信夫郡）の出来事であった。

陸奥話記は安倍頼時を奥六郡の俘囚の長であったが如く記すが、奥六郡は六国史上に記されていない。また苅田以北の律令支配は十世紀末頃に放棄され国衙へ納税する義務はなかったと考えられる。信夫郡を割いて伊達郡が置かれたことから、伊達郡は納税の義務があった。安倍頼時は伊達郡の田堵であったと考えられる。

陸奥話記の半ばから文体が激変し、百錬抄第四に見られない清原氏が出現し、恰も岩手県内での出来事の如く説き、陸奥国事考で事件の起きた場所を都合良く比定したものと考えられる。

陸奥話記は林鵞峰の編纂と云われている。

「今　抄國解之文。拾衆口之話。注之一巻。但千里之外。定多紕繆之。知實者正之而巳」

寛永二十年（１６４３年）の著書『日本国事跡考』のなかで「松島、此島之外有小島若干、殆如盆池月波之景、境致之佳、與丹後天橋立、安藝嚴島爲三處奇觀」（松島、この島の外に小島若干あり、ほとんど盆池月波の景の如し、境致の佳なる、丹後天橋立・安芸厳島と三処の奇観となす）と記し、これが現在の「日本三景」の由来とされている。従って、林鵞峰が陸奥話記を寛文二年（１６６２年）に著す以前、寛永二十年に苅田以北を探索し『殷洪国事跡考』を著した。日本国事跡考編纂の後に陸奥話記は編纂されていることから江戸時代の陸奥国内事情を知った上で伊達藩の意向を汲み曲筆した疑いがある。

苅田郡以北の低海抜の沃土の地は殆どは貞観の大津波で農作が困難となり多くの百姓が逃げ帰り、名取郡付近（偽多賀城碑出土地）の官衙も廃絶された。従って、苅田郡以北地の納税問題を国司や鎮守将軍が問題視する道理がない。

康平七年（１０６４年）

依㆓勲功㆒申㆓受領史㆒前出羽守従五位下源朝臣義家誠惶誠恐謹言

請㆘特蒙㆓天恩㆒。依㆓征夷功㆒。被㆖㆑拝㆓任越中国守闕㆒状

右義家謹撿㆓案内㆒、諸州刺史。辭退之後。拜㆓任要国㆒輩。蹤跡多存。不㆑遑㆓毛擧㆒。况乎儒学勲功之人。採㆓択異常㆒者也。爰親父頼義朝臣。當㆓勤王之選㆒。蒙㆓征夷

之詔一。任二奥州刺史一。兼二任鎮守府将軍一。且思二家門之名一。且恐二朝廷之儀一。殊振二武威一。遠赴二邊寒一。戎狄之為レ躰也。其力抜レ山。其居因レ嶮。騎二騏驥之駿足一。習二虎狼之驍勇一。及レ臨二戦場一。彌成二激怒一。百萬之衆。戈鋋之勢。中國之人。不レ可二敢當一。而旁施二兵略一。不レ損二皇威一。討二撃醜虜一。平二定蠻貊一。斬二魁帥之首一。驚二衆庶之眼一。開闢以來。未三曾有二如レ此比一。義家存二扶レ親之誠一。勵二奉公之節一。不レ顧二身命一。無レ避二矢石一。共撃二夷戎一。新蒙二褒丼一。以二頼義朝臣一任二伊豫守一。以二義家一任二出羽守一。然而南海東山。其程渺焉。雖レ喜二仁恩之適及一。猶二恨勲功之遠隔一。是以爲レ專レ孝。恩レ辭二出羽守一。然間越中國守巳有二其闕一。若優二軍功一。何不二拜任一哉。昔班超之討二西域一。早遇二漢家封侯之賞一。今義家之征二東夷一。欲レ浴二越州傳城之恩一。所レ申之旨。誰謂二非據一。望請。天恩依二征夷之功一。被レ拜二任越中守闕一。將レ令三復毘勵二立身報國之志一。義家誠惶誠恐謹言。

勲功による受領史申す　前出羽守従五位下源朝臣義家心からおそれかしこまり謹んで言う

征夷の功により天恩をこうむりました　越中国守欠官の所に拝任を被られることを請います。

右、義家の草案を謹んで調べた　諸国の国守が辞退の後　要国の拝任は次々待っている　跡を継ぎたがる者が多く数え切れない　いわんや　儒学で勲功のある人　いつ

もの採択と異なる　これは父親頼義朝臣　天皇に忠義を尽くし選び当てられた　征夷の詔をこうむり　奥州刺史（陸奥守）任じられ鎮守将軍を兼ねた　且つ家門の名を思い、且つ朝廷の礼式を恐れ　殊に武威を振るい　遠い邊寒の地へ赴き　戎狄の体になりました　その力で山を抜き　それにより険しい所に居ます　優れた早い馬に乗り虎狼のような勇ましさを習いました　戦場に臨むときいよいよ激しい怒りを成し　百万の衆　武器の勢い　国中の人　敢えて当たらず　しかして　兵略を施す傍ら　皇威を損じることなく　醜い虜を武力で討ち　蛮貊を平定した　賊徒頭の首を切り　大勢の人の眼を驚かせた　開闢（天地の開け始め）以来　このようなことはなかった　義家は親を支え誠があり　奉公に励みます　身命を顧みず　石弩を避けること無く　共に夷戎を撃ちました　あらたに褒美をこうむりたいとおもいます。頼義朝臣は上記により伊予守に任じられた　義家も出羽守に任じられた　然而南海東山　その行程は果てしなく広がる　仁恩が叶い喜ぶと雖も　勲功の遠隔を猶恨む　これを以て良く仕えそれだけにせよ　出羽守を辞す恩　然る間に越中守欠所已にあり　いかにも軍功が優れ　何故に拝任されない（中国故事　省略）

今、義家は東夷征伐し　越州伝城の恩を浴したいと言う　誰も非難しない　望請。

征夷之功に依り

越中守欠所に拝任させる　立身報国の志に励み行なえ　義家は天子に自分の意見を

ささげ言上した。

延久三年五月五日朝野群載巻第十一　1071年

追討人随二後仰一可二参上一宣旨　左辨官下　陸奥国　應下随二後仰一参中上守源朝臣頼俊上事（治歴三年補任1067）

右得二彼国去十二月廿六日解状一偁。謹検二安内一。當国多年之間。諸公吏輩。雖レ有二其数一。始レ自二散位基道一。至二于其次々一。尋二訪梟悪之者一。悉令二追討一既了。又荒夷発レ兵。黎民騒擾。然而或追二籠本所一。或斬二取其首一。或乍レ生搦得。於レ今當国無為無吏也。加之筆端有レ限。存略之間。朝城雲隔。非レ無二疑殆一。件荒夷等首。幷生獲者。以レ使令レ参。定為二後代之謗一哉、然則守頼俊随二身件首幷生獲輩一。早可二参上一也。而當国為レ躰。十月以後寒気殊甚。風雪レ隙。無二往還之者一。動失二前途一。難レ企二早参一。因レ茲遅怠。於レ今者。相二待明春一。可二参洛一也。凡於二近都一。可二言上一事。寔繁區分止時不二奏達一者。定有二不忠之咎一哉。隠愧二神道一。顯畏二王化一。就レ中七旬慈父。旦暮難レ知毎レ思二此事一。長大息耳。然則且仰二堯日之新光一。且拝二嚴親之頽齢一。望請。官裁早被二裁許一者。左大臣[師實]宣。奉レ勅。言上之旨。知レ有二勤節一。邊鎖之吏。不レ可二黙止一。宣レ仰二彼国一。生虜之輩。討伐之符。須下待二後仰一。随身参上上者。

国宣二承知依レ宣行一レ之。

延久三年五月五日　　大史小槻宿禰権中辨藤原朝臣

追討人を後の仰せに随い参上いたします　左辨官下　陸奥国　後仰せに随い守源朝臣頼俊参上に応える事

右は　彼の国去る十二月六日解状を得　あげる

当国は多年の間　諸公史ともがら　それは数あれども　散位基道から始まり　それから次々とここに至る

悪逆者を捜しだし　悉く追討は既に終えた　荒蝦夷は兵を発し　庶民が騒いでいたしかしながら麁蝦夷を本所（麁蝦夷の根拠地）へ追い返し籠もらせ　或いは首を切り取り　或いは生け捕りにした　今　当国は無為無吏である　加えてこの文書には限界がある　朝城は雲を隔て遠くにあることは殆ど疑いない　くだんの麁蝦夷の首、ならびに生け捕った者を　使いに参上させれば後代の謗りとなる　しからばすなわち　陸奥守源頼俊は　くだんの首、生け捕り輩の身と共に　早く参上すべきであるが　しかし　当国は　十月以後は寒気が特にひどい　風雪の間　往還する者はいない　動けば道に迷う　よって　早参は難しい　これが遅滞の理由です　今、明春を待ち参洛致しますおよそ都に近ければ言上すべき事　まことにいそがしく区分止めた時天皇に

奏上できず　さだめて　不忠と咎められるでしょう　天皇の威力に畏れを朝から夕まで知り難く　この事を思うたび長いため息のみ（中国の故事少略）生け捕りの輩討伐符を　後に仰せ付けられることは参上する上で必要です

貞観の大津波以後、苅田以北は荒蝦夷の地に帰しており、追討俘囚安倍貞任等は伊達郡（旧信夫郡）以南を根拠地とした人物と考えられる。

Ⅸ　藤原清衡、基衡、秀衡、泰衡は陸奥国信夫庄の住人と考えられる

陸奥国衙の所在地は信夫郡であることは前に触れた通り。

天永二年十月廿八日殿暦　1111年

（前略）陸奥住人清衡馬三疋献レ之、一疋中納言（忠通）料、件三疋上馬也、仍引二入厩一見レ之、

天永三年十月十六日殿暦　1112年

（前略）陸奥清衡馬六疋献レ之

永久四年七月二十九日殿歴　1113年

橘以綱陸奥守見任

〔古事談〕

（俊明）同卿造仏（丈六云々）之時、薄料ニトテ清衡令レ献二砂金一云々、彼卿不レ請レ

之、即返二遣之一云々、人問二子細一、答曰、清衡令レ押二領王地一、只今可二謀反一者、
其時ハ可レ遣二追討使一之由可二定申一也、仍不レ可レ請レ之云々、

清衡が国衙領（王地）を押領する謀反人と糾弾されていることから、清衡は国衙領横領可能な地位の在国司であったと考えられ、信夫以南を根拠地とした人物と考えられる。

【源俊明】　１０４４－１１１４（寛徳一－永久二）

平安後期の公卿。権大納言隆国の三男。母は参議源経頼の女。承保2年（１０７５）蔵人頭より参議に昇り、累進して大納言に任じ、その間、治部卿、民部卿を兼ね、また白河院の別当となり、院の近臣といわれたが、１１１４年12月2日病により出家、同日没した。藤原宗忠はその死を悼み、〈心性甚だ直にして、朝の重臣なり、良臣国を去る、誠に哀しきかな〉と日記に書いている。その剛直さは、皇后の死を嘆いて政務を放棄する白河天皇を諫め、鳥羽天皇の外戚藤原公実の摂政就任の野望を抑え、また奥州の藤原清衡の贈る砂金を拒絶した逸話などとして伝えられている。

大治三年　１１２８年

源信雅陸奥守　重任後、在職のまま保延元年（１１３５年）に卒去。

長秋記（１１２９年）

例時後還御、関白参給、頭弁談陸奥国清平（衡）二子合戦間、公事多闕怠多、兄弟基平惟常云々、

（源師時の日記『長秋記』大治五年（１１３０年）６月８日の条に、大治３年（１１２８年）の清衡の死後、兄である「小館」惟常ら兄弟との争乱が記録されている。基衡は惟常がいた「国館」（国衙と思われる）を攻め、圧迫に耐えかねた惟常は小舟に乗って子供を含め二十余人を引き連れて脱出し、越後国に落ち延び、基衡と対立する他の弟と反撃に出ようとするが、基衡は陸路に軍兵を差し向けた、逆風を受けて小舟が出発地に押し戻された所を惟常ら父子共々首を切ったという。）

陸奥国衙は鎌倉時代末期頃に大仏ノ城と呼称され、福島県庁界隈が陸奥国衙であり、大仏城古図にも舟入が描かれている。国衙から小舟で脱出し、會津を経由し越後へ逃げる計画であったと考えられる。

大仏城近くの腰浜廃寺跡は東北最古の軒瓦が発見されており国分寺跡と考えられる。

保延四年十月廿六日【陸奥国司庁宣案　下遠野文書】１１３８年

庁宣　可下早堺二四至一打中牓示上左大臣家（源有仁）御領事

右、以二岩瀬一郡一為二左大臣家御領一、史生官使国使相共堺二四至一打二牓示一、

一郡併以奉二立券一之状、所レ宣如レ件、以宣、
大介鎮守将軍兼押領使藤原朝臣　在御判

康治二年四月一日本朝世紀（１１４３年）
藤原師綱陸奥守　遷任
陸奥守藤原師綱は在国司藤原基衡の国衙領（公田）押領（横領）を疑い検注を行った。国司の検注を基衡の部下佐藤季春が矢を射かけ妨害したことが古事談や十訓抄に記されている。

康治二年四月一日本朝世紀（１１４３年）
藤原基成陸奥守　補任

（古事談第四）宗形宮内卿入道
宗形宮内卿入道師綱、　陸奥守ニテ下向時、基衡押二領一国一如レ無二国司威ハ一、仍奉二聞事由一、申二下宣旨一擬二検注一中公田之処、忍部者基衡于先々不入二国使一而今度任宣旨擬二検注一之間、基衡件郡地頭犬庄司季春ニ合レ心テ禦レ之、国司猶帯二宣旨一推入間、已放レ矢及二合戦一了、守方被レ疵者甚多、基衡カクハシツレドモ、背二宣旨一

射二国司一事依二恐存一、招二季春一、云、依レ無二先例一雖レ追二返国司一、背二宣旨一之条非レ無二違勅之恐一、イカガスベキト云々、季春云、今仰兼皆存知事也、主君命依レ難レ奉レ背於二一矢一者射候了、然者君不二知食一之体ニテ召二已顎一可レ被レ遣二国司之許一也、其上ハ定無為候歟云々、基衡乍レ拭レ涙諾了、基衡申二於守一云、基衡一切不レ知事候、郡地頭凡依レ無二先例一致二自由之狼藉一候、於レ今者不レ可レ及二子細一、季春已召取早賜二御使一、於二其前一可レ刎レ頭云々、依レ之国司遣二検非遺所目代一云、季春已将出タリ、四十余計男肌満美麗ナルガ、積遠歴水干小袴ニ紅衣着タリ、打者取タル者廿人許囲二繞之一、切手ハケセンニ弥太郎ト云者也、出立擬レ切レ頸之間、犬庄司云、切損給ナ、刀ハイズレゾト問ケレバ、切手云、鬼次郎太夫ガ大津越ゾト云ケレバサテバ心安ト云テ被レ切ケリ、部類五人同切云々、大津越トハ人ヲ引居テ切ニ、左右ノ臂ノ上ヲ乍二中骨一不レ懸切ヲ云也、基衡季春ヲ惜デ、我ハ不レ知之様ニテ猥構二女人沙汰之体一、再三遣二妻女於国司館一乞請サセケリ、其請料物凡不レ可二勝計一、沙金モ一万両云々、守不レ耽レ之遂切畢云々、師綱高名在二此事一歟、又山林房覚遊ト云侍散楽ヲ共具タリケルガ、本奈良法師ニテ帯二大剣一武勇甚之者也、而合戦之日最前ニ逃畢、帰レ館出来タリケレバ、先陣房カクレウトゾ付タリケル、

〔十訓抄〕

小一条左大将済時卿の六代にあたりて、宗綱の子宮内卿。師綱といふ人有けり、白

川院に仕へけるが、させる才幹はなかりけれども、ひとへに奉公さきとして、私をかへりみぬ忠臣なるほどよて、近く召つかはれけり、そのしるしにや有けん、陸奥守になされければ、彼国にくだりて検注を行ひけるに、信夫の郡司にて大庄司季春といふ者これをさまたげけり、国司宣旨を帯して、をさえとげんとするほどに季春ふせぎとゞめんがために、試に兵むかふる間、合戦に及びて、国司方に人あまた打れにけり、国司大いにいかりをなして、事の由を在国司基衡にふれけり、此事おどしにこそせさせたりけれ、国司のこれほどたけくてたゝかひすべしとまで思はざりければ、基衡さはぎて季春をよびて、いかゞすべきといひ合けるに、主命によりて宣旨をかへりみず、一矢は射候ひぬ、この上はいかにも違勅のがれ候べきにあらず（以下略）

「基衡押二領一国一如レ無二国司威ハ一、」基衡は一国を押領し陸奥守の威信は無いが如きであった。

「仍奉二聞事由一、」仍って、事情を聞き奉る。

「申二下宣旨一擬二検注一中公田之処、」宣旨を下し申すと　擬い物の検注、公田の中の処、

「忍部者基衡于先々不入二国使一而今度任宣旨擬二検注一之間、」

信夫と言えば基衡、ここから先々は国使不入、しかして、今度の職分宣旨はまがい物とする間、

「基衡件郡地頭犬庄司季春ニ合レ心テ禦レ之、」

基衡は信夫郡地頭犬庄司季春に心合わせ検注を禦ごうとした。

「国司猶帯二宣旨一推入間、」

国司はなお、宣旨を掲げ推し入るので、

「已放レ矢及二合戦一了、」

すでに矢を放ち合戦に及んでしまう。

「守方被レ疵者甚多、」

国守方に疵を被る者は甚だ多い。

「基衡カクハシツレドモ、背二宣旨一射二国司一事依二恐存一、」

基衡、その様にしたけれど、国司に矢を射た事は宣旨に背いた恐れあり。

「招二季春一、云、依レ無二先例一雖レ追二返国司一、」

季春を招き云う、国司を追い返したと雖も、その様な先例が無い。

「背二宣旨一之条非レ無二違勅之恐一」

宣旨に背く事は勅命を違えた恐れなきにしもあらず。


源俊明は清衡を王地押領の謀反人と罵っていた。清衡、基衡の二代にわたり国衙領押領を疑われていた。

清衡と基衡は共に在国司であったからこそ国衙領押領し得る人物であったと考えられる。
しかし、秀衡は鎮守将軍や陸奥守に補任された。奥州藤原氏は田堵であった可能性がある。

田堵には、古来の郡司一族に出自する在地豪族や、土着国司などの退官した律令官人を出自とする者もいて、蓄積した富をもって、墾田開発・田地経営などの営田活動を進め、他の百姓への私出挙を行った。また在地豪族は律令制下でも一定の武力を保有していた。

久安六年十一月三十日【本朝世紀】1150年
藤原基成陸奥守復任
仁平三年閏十一月二九日【兵範記】1153年
藤原隆親陸奥守補任
保元三年八月一日【兵範記・山槐記】1158年
源国雅陸奥守補任
長寛元年四月二十一日【長寛勘文】1163年
藤原長光陸奥守見任
長光は陸奥守・鎮守府将軍・内蔵権頭などを歴任した。主君　崇徳天皇→近衛天皇

↓後白河天皇↓二条天皇↓六条天皇↓高倉天皇↓安徳天皇↓後鳥羽天皇

仁安二年二月十一日　１１６７年
平清盛太政大臣となる（３ヶ月後に辞任）

嘉応二年五月二十七日玉葉　１１７０年
（上略）又奥州夷狄秀平（衡）任二鎮守府将軍一、乱世之基也、
九条兼実は陸奥国の住人が鎮守将軍に任ぜられたため、藤原秀衡を夷狄（東北の未開人）と見下したものと考えられる。藤原姓を名乗っており、藤原一族の末裔と考えられる。父基衡も国衙の在国司であった。

平泉に藤原三代の居館があったとする説も江戸時代に創作されたものと考えられる。
藤原三代は陸奥国衙役人で居館から国衙に通勤する。居館は国衙から百町程の所にあった。

苅田以北は賊地に帰しており、国府（信夫郡）から平泉まで約１８０Ｋｍ（三百六十里）あり当時の行程で五日間程かかり通勤は不可能、藤原三代の居館平泉説は虚構である。

安元二年正月三十日玉葉　1176年

藤原範季陸奥守補任

安元二年（1176年）一月に陸奥守を兼任すると、三月には藤原秀衡の後任として鎮守府将軍も兼ねて四月に陸奥国へ下向。治承二年（1178年）十月以前に帰洛した。

治承三年十一月（1179年）治承三年の政変（平清盛のクーデター）。後白河法皇を幽閉。

治承四年四月（1180年）以仁王の挙兵（治承・寿永の乱の始まり）。

治承四年六月 平清盛の主導による福原京の造営。

養和元年八月一十五日吉記・玉葉　1181年

藤原秀衡従五位上・陸奥守に叙任。

同時に越後国の豪族・城長茂も越後守に任じられている。これらは平清盛亡き後に平家の棟梁となった平宗盛の推挙によるもので、前年に挙兵した鎌倉の頼朝や源義仲を牽制する目的であった。九条兼実はこの叙任も「天下の恥、何事か之に如かんや。悲しむべし、悲しむべし」と嘆き、また参議・吉田経房も「人以て磋嘆す。故に記録すること能わず」と『吉記』に記す。

文治元年（１１８５）十一月大廿八日丁未。補任諸國平均守護地頭。不論權門勢家庄公。可宛課兵粮米〔段別五升〕之由。今夜。北條殿謁申藤中納言經房卿云々。

諸国全体に例外無く守護の地頭を任命し、権門勢家、庄園も国衙領を論ぜず、兵糧米〔一反毎に五升〕を課すと言う。北条殿が藤中納言經房卿に会見して申し上げ云々

この条を以て、諸国に守護地頭が置かれ、国衙体制が変化したとする説があるが、次の条に「諸國守護武士并地頭等早可停止」諸国の守護武士ならびに地頭等は早く停止すべしとあり「國衙者國役雜事。任先例可令勤仕之由。所令下知候也」国衙のこと国役雑事は先例に任せ勤仕するよう下知してくださいとある。平安時代末期の国衙体制は鎌倉時代に引き継がれたと考えられる。

文治二年六月小廿一日丁卯。【吾妻鏡】１１８６年

爲搜尋求行家義經隱居所々。於畿内近國。被補守護地頭之處。其輩寄事於兵粮。譴責累日。万民爲之含愁訴。諸國依此事令凋弊云々。仍雖可被待義經左右。有人愁歟。諸國守護武士并地頭等早可停止。但於近國没官跡者。不可然之由。二品被申京都。以師中納言。可奏聞之旨。被付御書於廷尉公朝歸洛便宜。又因幡前司廣元爲使節所上洛也。爲天下澄清。被下　院宣。

糺断非道。又可停止武士濫行國々事

山城國	大和〃	和泉〃	河内〃	攝津〃	伊賀〃
伊勢〃	尾張〃	近江〃	美濃〃	飛騨〃	丹波〃
丹後〃	但馬〃	因幡〃	伯耆〃	出雲〃	石見〃
播磨〃	美作〃	備前〃	備後〃	備中〃	安藝〃
周防〃	長門〃	紀伊〃	若狭〃	越前〃	加賀〃
能登〃	越中〃	淡路〃	伊豫〃	讃岐〃	阿波〃
土佐〃					

右件卅七ケ國々。被下　院宣。糺定武士濫行方々之僻事。可被直非道於正理也。但鎮西九ケ國者。師中納言殿經房御沙汰也。然者爲件御進止被鎮濫行。可被直僻事也。又於伊勢國者。住人挾梟悪之心。已發謀反了。而件餘黨。尚以逆心不直候也。仍爲警衛其輩。令補其替之地頭候也。　抑又國々守護武士。神社佛寺以下諸人領。不帯頼朝下文。無由緒任自由押領之由。尤所驚思給候也。於今者被下　院宣於彼國々。被停止武士濫行方々僻事。可被澄清天下候也。凡不限伊勢國。謀叛人居住國々。凶徒之所帯跡ニハ。所令補地頭候也。然者庄園者本家領家所役。國衙者國役雑事。任先例可令勤仕之由。所令下知候也。各悉此状。公事爲先。令執行其職候ハンハ。何事如之候乎。若其中ニ。不用本家之事。不勤國衙役。偏以令致不當候ハン輩ヲハ。随被仰下候。可令加其誡候也。就中。武士等之中ニハ。頼朝モ不給候ヘハ。不知及候之所ヲ。或号人之

寄附。或以無由緒之事。令押領所々。其數多候之由承候。尤被下　院宣。先可被直如此之僻事候也。又縱爲謀反人之所帶。令補地頭之條。雖有由緒。可停止之由。於被仰下候所々者。随仰可令停止候也。　院宣爭違背候哉。以此趣。可令奏達給之由。可令申師中納言殿也。

　　文治二年六月廿一日

　畿内近国において　守護地頭が補任されているところでは　兵糧集めを口実に　責めとがめる日が続き　万民はこのために苦しみ悲しみを訴えている　諸国はこのことにより衰え疲れている　従って、義経の側近が待つと雖も　憂いる人がいる　諸国の守護武士ならびに地頭を早く停止すべき　但し近国の没官跡は　その様にすべきではない（中略）

　右　件三十七カ国々に　院宣を下し　武士の濫行方々の心得違い　非道を正すなり但し、鎮西九カ国は師中納言殿經房御沙汰也　然らば　件の土地や人間支配、濫行は心得違いに当たります　また、伊勢國においては住人が梟悪な心を懐き　已に謀反が起きました　而して件の同志　なお以て逆心に当たります　よって其の輩を警戒し護衛する　替えの地頭を補任させ　仰せの国々守護武士　神社仏寺以下諸人領　頼朝の下文を帯びず　由緒なく自由きままに押領のこと　尤も驚き思われるでしょう

今、院宣を彼の諸国へ下し　武士の濫行方々の心得違いを停止させ　天下を清らかに治めるべきです

およそ伊勢國に限らず　謀反人居住の国々　凶賊の所帯跡に　地頭を補します　しからば、庄園（貴族・寺社の私的な領有地）の本家（荘園の名義上の支配者）領家（本家に次ぐ地位にある領有者。領家が実際に荘務の権利をもつ場合が多い。）所役（役としていること。つとめ。やくめ。所務。）

国衙の国役（国司が一国単位に賦課した臨時税。勅事・院事・大小国役と併称された。）雑事は先例に任せ勤め仕えるべきことを　下知すべきです　おのおの悉くこの様に　先ず公事を為す　その職を執り行なわなければ　何事の候か　若しその中に本家を用いず　国衙役を勤めず　ひとえに　不当致す輩を　仰せに従い　その戒めを加えます　とりわけ　武士等の中には　頼朝の恩恵を受けず　といえば頼朝も知らぬ事

或いは称号を寄付された人　或いは由緒なきひとが　所々押領する　その数が多い由承っています

尤も院宣を下し被る　先ずこの如く僻事を行なう者に直に仰せ被り　たとえ謀反人の所帯跡の条　由緒あるといえども停止すべき理由　仰せ下しを被る所々は　停止すべき仰せに従います　院宣争い違背候かな　これが趣旨です　天皇に奏上していただ

きたく　師中納言殿に申し上げます

平安時代の先例に任せ国衙・国衙雑事は鎌倉時代に引き継がれたと考えられる。平安時代末期の国衙体制の継続を「日本史総覧Ⅱ古代二中世一。新人物往来社」などの諸国の国司補任記録より国衙体制は継続されたと考えられる。平安鎌倉時代を通し諸国の国司補任記録が存在する。

『凶徒之所帯跡ニハ。所令補地頭候也』義経を匿った秀衡は凶徒である。朝廷への奥州合戦の次第を報告するにあたってそれを行政が書いたことが記されている。この奥州合戦の軍奉行は行政であったのだろうと五味文彦氏は推測されている。

【奉行】上命を奉じて公事・行事を執行すること。また、その担当者。

文治五年（１１８９）九月小八日乙丑。安達新三郎爲飛脚上洛。是依被付合戰次第於師中納言也。主計允行政書御消息。其状云。爲攻奥州泰衡。去七月十九日。打立鎌倉。同廿九日。越白河關打入。八月八日。於厚加志楯前。合戰靡敵訖。同十日。越厚加志山。於山口。秀衡法師嫡男西城戸太郎國衡。爲大將軍。向逢合戰。即討取國衡訖。而泰衡自多賀國府以北。玉造郡内高波々ト中所。搆城郭相待。

文治五年の条は実史料に虚構を加えたものと考えられる。泰衡攻めの消息を主計允行政が書き師中納言に届けられた事は事実と考えられる。

源義経を匿った凶徒（藤原秀衡・泰衡）の所帯跡に補された初代地頭は工藤行政（二階堂）と推定できた。


藤原基衡は国衙の目（さかん）在国官人で、陸奥国信夫庄公田押領を疑われ陸奥守藤原師綱に糾弾されている。

陸奥国信夫庄に藤原基衡、秀衡、泰衡の所帯が在ったと考えられる。

『信達歌に源義経居ルコト二東奥藤戸館一凡九年。至テ二治承四年冬十月二一聞三兄頼朝起スト二兵於関東二一也。辞シテ二秀衡二一而西ス。乃過リ二信夫杉妻太郎行信佐藤荘司基治二一而告別焉』(12)

陸奥国信夫庄鳥和田村に藤戸があったと考えられ、地形図で鳥渡（鳥和田村）付近を探すと、藤戸はないが、藤ノ内、藤西、藤南という地名が存在した。藤内、藤戸の内はアイヌ語で川の意味であり、戸（鳥）は湖沼の意味である。内と戸は地形的に川と湖沼であるから、福島市上鳥渡（鳥和田）と接する藤ノ内、藤西、藤南の近くに藤戸が在ったと考えられる。

藤原秀衡の所帯跡に補された地頭は泰衡攻に功績があった工藤行政と推定される。

其の補任記録は見つけられないが、二階堂基行は先例を守り行氏に陸奥国信夫庄鳥和田村地頭職を譲った書状が存在する。

工藤（二階堂）氏が代々先例を守り鳥和田村地頭職が譲られているなら、基行の親、その親と辿れば初代の鳥和田村地頭職が分かる筈である。

『仁治元年閏十月廿日【将軍家藤原頼経政所下文】1240年

将軍家政所下　左兵衛少尉藤原行氏

可令早領知肥前国鏡社、可守永平并行阿例也

伊勢国益田庄、尾張国西門真庄、参河国重原庄、相模国懐島内殿原郷、陸奥国信夫庄

内鳥和田村等地頭職事、右人、任父親左衛門尉基行法師法名行阿今年十月十四日譲状、

守先例、

可令領知之状、所仰如件、以下、

仁治元年閏十月廿日

案主左近将曹菅野知家事弾正忠清原令左衛門少尉藤原

別当前武蔵守平朝臣（北条泰時　花押）』

（藤原　頼経は、鎌倉幕府の第四代征夷大将軍。摂政関白を歴任した九条道家の三男で、摂家から迎えられた摂家将軍。九条兼実の孫）

工藤（二階堂）行政の嫡男は行村、行光、伊賀朝光室（北条義時継室伊賀の方の母親）

二階堂行村の嫡男は基行、行義、行久、行方、惟行
二階堂基行の嫡男は行氏、行定
家督を嫡男に譲る因習から初代鳥和田村地頭職は工藤行政（二階堂）と推定される。

藤原秀衡の所帯跡に陸奥国信夫庄鳥和田村地頭職二階堂氏が所帯を置いた。

鳥和田村（鳥渡）近くの福島市佐倉下宮ノ内奥玉神社は藤原秀衡が尾州中嶋郡の大國霊神から勧請したとする伝承がある。

福島市成川調地田は藤原師綱陸奥守が公田検注を行った場所と考えられる。鳥和田村二階堂屋敷から二～三キロメートルの所である。

藤原清衡、秀衡等は鳥和田村近くの黄金山（福島市大森竹ノ内～上鳥渡玉ノ森）の産金を都に献上したと考えられる。

日本初の産金もこの金山と考えられる。

天平勝宝元年四月甲午朔日［続紀］７４９年「東方陸奥国守従五位上百済王敬福伊、部内少田郡仁黄金出在奏弖献。」少田郡は信夫郡小田郷と考えられる。陸奥守百済王敬福は陸奥国府（信夫郡）で初めて金を発見した。

弘仁六年八月廿三日　［三代格　十八］　８１５年

太政官符
一分レ番令レ守二城塞一事
兵士六千人　並勲九等已上白丁已
旧数二千人　名取団一千人　玉造団一千人
今請二加四千人一　白川団一千人　安積団一千人
行方団一千人　小田団一千人

もし、通説の如く小田郡（現代の宮城県遠田郡あたり）とするとこの配列と整合しない。

宮城県遠田郡あたりであったなら名取団、玉造団と並ぶ場所に記す筈である。ところが、白川団、安積団、行方団、小田団の順に記されている。この配列位置から小田団は信夫以南と推測できる。

福島市下鳥渡と福島市小田の金山（福島市大森字竹ノ内黄金山八幡神社から玉ノ森）は江戸時代から昭和にかけても金の採掘が行われていた。

文治三年九月廿九日　玉葉　（1187年）

（前略）権弁定長為二院御使一来、余梳レ髪蹔不レ謁、取レ髪之後、召二簾前一謁レ之、

定長仰云、頼朝卿申旨如レ此、何様可レ有二沙汰一哉、可二計奏一者、件申状遣二御使於奥州一、可レ召二東大寺大仏滅金料砂金於秀衡法師一之由也、此事去四月頼朝卿申云、前山城守基兼、（元法皇近臣、北面、凶悪之人也）在二秀衡許一、（先年平相国入道、誡二院近臣等一之内、基兼為二其随一一被レ配二流奥州一了、其後属二秀衡一、于レ今経二廻彼国一也）而雖レ有二上洛之者一秀衡召禁之間、不レ遂二素意一之由、所二歎申一也、元為下被二召仕一之者上、而依二平氏之乱逆一遇レ殃、尤可レ被二召上一也、兼又陸奥貢金、追レ年減少、大仏滅金巨多罷入歟、三万両許可レ令レ進之由、可レ被二召仰一也、件両条賜二別御教書一、欲レ仰二遣秀衡之許一者、仍経房卿任二申請一、書二御教書一、（基兼事、砂金事、并度度追討之間、無二殊功一事等也）遣二被卿許一、以二件御教書一、頼朝書二副書状一、以二使者雑色沢方一、遣二秀衡許一、即進二請文一、（頼朝返事也）

以二件請文一、相二具件使者沢方処一、付二経房卿一也、昨日到来云々、頼朝申状趣、秀衡不レ重二院宣一殊無二恐色一、又被二仰下一両条共以無二承諾一、頗在二奇怪一歟、且又子細、可レ召二問使男一、於レ今者遣ニ別御使一、可レ被レ召二貢金等一歟云々、秀衡申状趣、於二基兼事一者、殊加二憐愍一全無二召誡一、依レ不レ申下可二京上一之由上、忽不レ令二上洛一、更非二拘留之儀一云々、（不レ申下可二召進一之由上也）貢金事三万両之召、太為二過分一、先例広定不レ過二千金一、就レ中近年商人多数入二境内一、売二買砂金一、仍大略掘尽了、乃旁雖レ不レ可レ叶、随二求得一可二進上一云々、両条大略如レ此、次第大略如レ此、余申云、被レ遣二御使一之条、不レ可レ有二異議一、頼朝御返事之趣、所レ申尤有二其謂一、尤可レ被レ遣二御使一、先例（多遣二公人一、公家為二貢金沙汰一、遣二舎人一、自レ院為二御馬使一、御厩舎人等是也、）可レ遵二彼跡一歟、将又可レ遣レ如二長官一歟、可二計申一之由、可レ被二仰遣一歟、不レ然者又只無二左右一、定其仁如二計申一、可レ被レ遣二御使一之由可レ被二仰遣一歟、両条之間、且可レ有二御計一、（後略）

【基兼】中原基兼は、平安時代末期の北面武士。後白河法皇の近臣。山城国守。安元元年（１１７７年）六月四日、鹿ケ谷の陰謀に加担したとして、平清盛によって解官され、清盛の屋敷に法皇近習五名と共に連行される。奥州へ配流された後、藤原秀衡の庇護を受け彼の国を廻っていたという。九条兼実は『玉葉』（文治三年九月二十九日条）で、基兼をかつての法皇の近臣で「凶悪人」と書いている。

文治三年（１１８７年）四月、奥州へ圧力をかける源頼朝が秀衡に対し、基兼の身柄を京に戻すよう要請し、秀衡が拒否するというやり取りがなされた。

境内（境界のうち。境外。社寺の境域の内）で金が採れたことが記されている。藤原秀衡の居館信夫庄鳥和田村近くの東南の大森城山、竹ノ内、玉の森に金採掘の跡がある。採掘は慶長年間にも行われており、長く廃山となっていたが大正二年に安孫子平三郎により再開され後に大団幸之助に譲渡され製錬開始、大正六年山口嘉三により大正八年まで採掘、大正十四年より山井景美により再開したが昭和二年坑内陥没により休山、昭和八年より角田文平により再開、昭和十三年田村鉱業が買収し立坑を掘削し青化製錬場を設置し採掘したが昭和十八年金山整備令により廃山となった。藤原秀衡は居館近くの竹ノ内黄金八幡神社付近で採れる金を献上したと考えられる。なお、黄金八幡神社に源義家伝説がある。

文治四年二月十四日〔玉葉〕（1188年）

（二月）十四日庚辰　晴、巳刻、棟範来、召二簾前一謁レ之、棟範云、追討宣旨持二参院一、早可レ下之由有レ仰、又云、経房卿申云、宣旨使院使一人可レ宣之由之由雖レ存遣二奥州一、両人可レ宣之由所存也云々、余云、早向二左大臣亭一、可レ下二宣旨一、又院使別被レ遣之事只可レ在レ院申二沙汰一非二職事之最一者、又国解事被レ仰二国司一、未二書進一、事可二懈怠一之上、強非レ要歟、仍只以二口宣一所レ下也、其状如レ此、

文治四年二月十四日　宣旨

源義顕（義経）者、文治元年比忽圖二逆節一、猥乖二憲條一、然間神明戮レ力、賊徒敗奔、仍仰二五畿七道諸國一、可レ索二捕其身一之由、宣下先了、爰如二風聞一者、彼義顕偸赴二奥州一、撃二先日之毀符一、稱二當時之勅命一、相二語邊民一、欲レ企二野戦一云云、件符者、縡不レ出従二叡襟一、自由之結構、武威之所レ推也、因レ茲可二毀破一之由、重下二鳳詔一畢、何備二龜鏡一哉、奸心之至、責而有レ餘、宣レ令二前鎮守将軍

秀衡子息等一、追二討彼義顕並同意輩一、若背二綸言一、不レ存二勲功一者、須下敷二同罪一、
遣二官軍一令征伐上、

蔵人右衛門権佐平棟範　奉

源義経は文治元年と比べ　たちまち君命に逆らい　みだりに憲法に背く　然る間神のような力で罪人を殺し　賊徒を敗走させた　従って五畿七道（日本全国）に仰せる　其の身を探し捕らえるべき　先に宣旨を下した

ここに風聞に如く　彼義顕ひそかに奥州へ赴く　先日の符やぶり攻める　当時の勅命は称えた　共に辺境の民の話し　野戦を企てと欲し云々、件の符は　天子の心内から出たものにあらず　勝手気ままなたくらみ　武威の推す所なり　これが破り壊す理由　重ねてみことのりを下す　何を拠り所に備えるか　悪賢い心に至れば　とがめ余にあれば　彼の義顕に同意する輩の追討を前鎮守将軍秀衡子息等に命令する　若し綸旨に背けば　勲功あらず　同罪か　官軍を遣わし征伐する

文治四年閏4月30日　己未（東鑑）

今日陸奥の国に於いて、泰衡源與州を襲う。これ且つは勅定に任せ、且つは二品の仰せに依ってなり。豫州民部少輔基成朝臣の衣河の館に在り。泰衡の従兵数百騎、そ

の所に馳せ至り合戦す。與州の家人等相防ぐと雖も、悉く以て敗績す。

衣川が摺上川であることを既に述べた。そうであれば、衣川の舘（高舘）は摺上川近傍にあったと推察できる。勿来の関は衣川の関と同じであることは前述した。「ゼンリンいつもＮＡＶＩ」地図で飯坂町大門町付近を見ると飯坂町高舘が存在する。その南西一キロメートルの所に医王寺があり、義経の遺品は、そこに保存されている。勿来の関（衣川の関）は飯坂町道城町～舘山に置かれ、桜の名所と地名から推定できる。

高舘の西側に桜瀬があり、北西の飯坂小学校の地名は桜下である。桜と温泉に魅せられて放蕩の輩が禁をおかし関門を往還していた。（元慶四年九月五日条参照）ゼンリン地図で岩手県の衣川柵付近の地名を見ると、衣川柵の近傍に衣川桜瀬があり、飯坂の地名と酷似した。伊達大膳大夫政宗は室町時代初期に赤舘（舘山）に居たことから、地理と由緒について伊達氏一族は熟知していた可能性がある。

陸奥国府多賀城説に信憑性を持たせるため、陸奥守藤原秀衡の居館を平泉とし、義経は衣川近くの高舘にいたと強弁した。

インターネットに依れば「衣川舘は、現在の岩手県西磐井郡平泉町高舘に奥州藤原氏の居館と主張し、源義経の最後の場所とする。衣河館とも表記され、高舘義経堂、判官館とも呼ぶ。中尊寺表参道入口から東南東に約五百メートル、北上川左岸の丘陵にあり、元々藤原基成の館であったとされる。（中略）館の跡には天和三年（１６８３年）に仙台藩藩主伊達綱村により跡地に義経堂と義経の木造が建立された。以降高館義経堂、判官館などと呼ばれるようになる。元禄二年五月十三日（１６８９年６月29日）には松尾芭蕉一行が来訪し、「夏草や　兵どもが　夢の跡」の句を詠んだ。」

藤原基成は陸奥守（陸奥国衙の長官）として陸奥国府（信夫郡）に下向した人物であるから、居館は信夫郡内にあった。陸奥守退任後、基成は風光明媚な温泉と桜の名所（飯坂高館）に居していた。

岩手県に藤原秀衡の館があったとする説は多賀城国府説を尤もらしくするための虚説であろう。

陸奥守補任が平安時代から北畠顕家まで継続記録が存在することから、陸奥国府も南北朝動乱期まで存続していた証拠である。

南北朝動乱期に南朝方が何度も信夫郡を攻めた記録が存在する。国衙奪還のため攻め込んでいた。

康治二年（1142）	藤原師綱	本朝世紀
康治二年（1142）	藤原基成	本朝世紀
久安五年（1149）	藤原兼忠	兵範記
仁平三年（1153）	藤原隆親	兵範記
保元二年（1157）	円　信説	兵範記
保元二年（1157）	藤原雅隆	兵範記
保元三年（1158）	源　国雅	兵範記
長寛元年（1162）	藤原長光	長寛勘文
仁安三年（1168）	藤原成房	兵範記
安元二年（1176）	藤原範季	
治承四年（1180）	藤原実雅	玉葉
養和元年（1181）	藤原秀衡	玉葉
元暦元年（1184）	藤原宗長	
文治元年（1185）	藤原盛実	吉記
文治元年（1185）	源　兼忠	吾妻鏡
文治元年（1185）	源　雅頼	吾妻鏡
建久三年（1192）	藤原朝房	吾妻鏡
建久三年（1192）	源　師信	吾妻鏡
元久二年（1205）	藤原懐信	明月記
承元元年（1207）	中原師公	明月記

建保四年（1216）	大江広元	尊卑分脈
建保五年（1217）	平（北条）義時	吾妻鏡
元仁元年（1224）	足利義氏	大日本史国郡司表
寛喜二年（1230）	三善長衡	鎌倉遺文
寛喜三年（1231）	藤原頼経	明月記
暦仁元年（1238）	（欠姓）宗基	玉蘂
宝治二年（1248）	橘（欠名）	鎌倉遺文
建長二年（1250）	平（北条）重時	鎌倉年代記
康元元年（1256）	平（北条）政村	鎌倉年代記
文永元年（1264）	平（大仏）宣時	鎌倉遺文
文永四年（1267）	平（北条）時茂	鎌倉年代記
文永八年（1271）	平（北条）時村	鎌倉年代記
弘安五年（1282）	藤原（安達）泰盛	勘仲記
弘安七年（1287）	平（北条）業時	鎌倉年代記
正応二年（1289）	平（大仏）宣時	鎌倉年代記
正安三年（1301）	平（大仏）宗宣	鎌倉年代記
正和元年（1312）	平（大仏）維貞	鎌倉年代記
元弘元年（1331）	平（大仏）貞直	花園天皇宸記
元弘三年（1332）	源（北畠）顕家	公卿補任
建武元年（1334）	源（北畠）顕家	

平安時代末期から建武新政まで間断なく陸奥守の補任記録が存在する。

平安時代の先例に任せ鎌倉時代も国衙が継続していた証拠である。

宝亀五年（７７４）の蝦夷騒擾発現の時と同様に承和四年（８３７）に玉造温泉で地震に伴う蝦夷騒擾の萌しを感じた百姓等が奥地から逃げ帰りはじめた。貞観十一年（８６９）の大津波で太平洋沿岸部や標高の低い内陸部の農地が壊滅的被害を受け百姓等は逃げ去り、それらの地域の律令支配は放棄も同然であった。

従って、九世紀末に苅田郡以北は賊地に帰した。寛弘三年（１００６）押領使を任じ国府域と接する場所の劫盗を追捕させた。部内（律令制四等官の最下位さかん）に取り締まりをさせた。

藤原基衡が目（さかん）であったことが事故談や十訓抄に記されている。

東鑑文治五年の条に「多賀国府の存在」を記す事から、文治五年の一連の記述は虚構と考えられる。

誤りを前提とし推理は虚構である。陸奥国の歴史は多賀国府の存在を前提とした推論が陸奥国の歴史認識の定説となっている。とすれば、定説の陸奥国歴史認識は虚偽と言える。

多くの出版物は多賀国府説を定説と扱っており正す必要があると思う。

陸奥国衙の官人達は国府（信夫郡内）に居所を構え、国衙に通勤した。国衙は役所であり居館ではない。
陸奥守藤原秀衡の居館は国衙から百町程離れた陸奥国信夫庄鳥田村に在った。

Ⅹ　福島市下鳥渡の陽泉寺境内板碑から陸奥国の鎌倉時代の一端を推測する

陸奥国信夫庄鳥和田村に鎌倉時代の板碑が数多くあり、陽泉寺（湖山寺跡付近）の正嘉二年阿弥陀三尊浮き彫り板碑は特に優れている。

正嘉は、康元の後、正元の前。1257年から1259年までの期間。

下鳥渡供養石塔「「右志者為悲母也　平氏女敬白」、右端には「正嘉二年大歳戊午九月十八日」」

供養石塔は高さ約170センチメートルで幅約115センチメートル、自然石の表面を研き、阿弥陀三尊（阿弥陀如来、勢至菩薩、観世音菩薩）の三体の仏像が浮彫されている。

このような立派な供養塔を建立しうる女性は地位、財力に恵まれた人物の関係者と考えられる。

正嘉二年頃、陸奥国の権力者は陸奥守北条（平朝臣）政村であった。

北条義時と側室伊賀の方の間に生まれたのが北条政村である。

伊賀の方の父は伊賀朝光で、母は二階堂行政の娘である。伊賀の方は伊賀氏の娘で平氏（北条義時）の妻であるから平氏女と名乗ったと考えられる。

陸奥守平朝臣政村の母親（伊賀の方）が、自分の母親（二階堂行政の娘）を供養するため、母親の故地、鳥和田村の日枝神社境内（湖山寺）に板碑を建立したと考えると、平氏女は伊賀の方と推定される。

藤原朝光は承元四年（１２１０年）三月一九日に伊賀守に任ぜられ、以後、伊賀と名乗ったとされている。

伊賀氏と二階堂氏は姻戚関係で、南北朝動乱期の史料に伊賀氏の名が多く見られる。

建長八年六月二日〔式目追加〕（１２５６年）

奥大道夜討強盗、近年殊蜂起之由、有二其聞一、是偏地頭沙汰人等、無沙汰之所レ致也、早所領内宿々、居二置宿直人一可二警固一、且有二如レ然之輩一者、不レ嫌二自領他領一、不レ可二見聞隠一之由、召二取住人等之起請文一、可レ被レ致二其沙汰一、若猶背二御下知之旨一、令二緩怠一者、殊可レ有二御沙汰一之状、依レ仰執達如レ件、

建長八年六月二日　相模守（時頼）判
陸奥守（政村）判

康元元年四月五日【経俊卿記・鎌倉年代記】１２５６年

平（北条）政村陸奥守補任

文永元年十二月十二日【鎌倉遺文九一九三号】１２６４年
平（大仏）宣時陸奥守見任
『徒然草』第二一五段に表れる、若き日の宣時が最明寺入道（北条時頼）の邸宅に招かれ、小土器に残っていた味噌を肴に酌をかわしたというエピソードは、当時の鎌倉武士の質素な生活を伝えるものとして古文の教科書に載っている。
大仏と書いて「おさらぎ」と読む理由は陸奥国衙に国家鎮護のため安置された「王老杉大仏」（おろすぎだいぶつ）を「おさらぎ」と読み為したものと考えられる。
陸奥国衙は室町時代には「大仏ノ城」とも称された。

文永四年十月二十三日【鎌倉年代記・将軍執権次第】１２６７年
平（北条）時茂陸奥守補任

文永八年七月八日【鎌倉年代記・北条九代記】１２７１年
平（北条）時村陸奥守補任
（鎌倉幕府第七代執権・北条政村の嫡男）

弘安五年七月十四日【勘中記・関東評定衆伝】１２８２年
藤原（安達）泰盛陸奥守補任
弘安五年（１２８２年）、泰盛は秋田城介を嫡男「安達宗景」に譲り、陸奥守に任命された。
陸奥守は鎌倉幕府初期に活躍した「大江広元」、「足利義氏」は例外として、北条氏のみが独占する官職で、泰盛の地位上昇と共に安達一族は北条一門と比肩しうる権力を持つに至っていたと考えられる。
仙台城内の青葉山に「霜月騒動」の板碑「過ぎし年の十一月下旬、煙とともにあのおだやかな姿を消し、黄泉の国に赴いた陸奥守入道」この碑は陸奥守泰盛の冥福を願い、陸奥国衙「大仏城、杉の目城」にあったものを伊達陸奥守の城に移されたと考えられる。
弘安七年八月八日【鎌倉年代記・勘中記・関東評定衆伝】１２８４年
平（北条）業時陸奥守補任
正応二年六月二十三日【鎌倉年代記・将軍執権次第】１２８９年
平（大仏）宣時陸奥守補任

正安三年九月二十七日【実躬卿記・鎌倉年代記北条九代記】1301年

平（大仏）宗宣陸奥守補任

正和三年十月二十一日【鎌倉年代記・北条九代記】1314年

平（大仏）惟貞陸奥守補任

元弘元年十一月五日【花園天皇宸記】1331年

平（大仏）貞直陸奥守見任

元弘三年（1333年）、新田義貞が鎌倉に攻め寄せると、極楽寺口の防衛を指揮して戦い、大館宗氏を討ち取るなどしたが、やがて同地で戦死した。（太平記）陸奥国衙は信夫郡に存続した。

XI　陸奥国内の南北朝動乱期

元弘三年八月五日【公卿補任正慶二年項】１３３３年
源（北畠）顕家陸奥守補任
北畠顕家陸奥守は鎌倉時代からの陸奥国府（信夫郡）へ下向。

建武元年七月二日【陸奥国宣　南部文書】１３３４年
（北畠顕家　花押）
伊達五郎入道善恵申、糠部郡内南門内、横溝六郎入道浄円跡事、
任御下文旨、莅彼所、可沙汰付善恵代、縦称本主、捧関東下知以証状、
雖支申、不帯綸旨・国宣者、不可許容、使節遅引者、可有其咎者、
依　国宣、執達如件、
建武元年七月二日　大蔵権少輔清高奉
南部又次郎

「縦称本主、捧関東下知以証状、雖支申、不帯綸旨・国宣者、不可許容」
たとえ、本主が関東下知状を捧げ其れを根拠に申し我意を張ろうとも　国宣・綸旨を持

たなければ　許容すべからず　使節の遅延は咎める　国宣に依る　上意通達は文書の通り

糠部郡は階上付近で古代から昆布などの献納が行われていた。

建武元年七月廿一日【南部文書】１３３４年
陸奥国宣　（北畠顕家　花押）
伊達大炊助三郎光西申、八戸工藤左衛門次郎跡事、
任御下文之旨、可沙汰光西代、縦称本主、捧関東下知以下證状、
雖支申、不帯　綸旨・国宣者、不可許容、使節及遅引者、
可有其咎者、依　国宣、執達如件、
建武元年七月廿一日　大蔵権少輔清高奉

建武元年七月廿九日【南部文書】１３３４年
陸奥国宣　（北畠顕家　花押）
糠部郡七戸内工藤右近将監跡、被宛行伊達左近大夫将監行朝畢、
可被沙汰付彼代官者、国宣執達如件、
建武元年七月廿九日　大蔵権少輔清高奉

南部又次郎殿

大伴家持が青森県南部～岩手県北部の階上に権郡を置く事を延暦四年（785年）に提言。また、霊亀元年（715年）国府へ往還に旬を重ねる里程としている。国府（信夫郡）から400Km程度の所に階上である。階上付近が糠部郡七戸であったと考えられる。

建武元年九月十日【北畠顕家下文】1334年
（端裏書）【将軍御教書】（顕家　花押36）
下　伊達郡
可令早伊達孫五郎政長領知　当郡内長江彦五郎跡事、
右人令領知彼所、守先例、可致其沙汰之状、所仰如件、
建武元年九月十日

建武二年七月三日【結城小峯文書】1335年
後醍醐天皇綸旨
陸奥国宇多荘、為勲賞可被知行者、天気如此、悉之以状
建武二年七月三日　（中御門經季）大膳大夫（花押）

結城上野入道館（宗廣）

【天気】天子の気色。天皇の機嫌。

建武二年十月一日【留守文書　岩手県水沢市公民館所蔵】１３３５年

一陸奥国宣（北畠顕家　花押３６）

會津河沼郡高久村内伊賀弥太郎跡、為勲功賞、可令知行者、依国宣執達如件、

建武二年十月一日　右近将監清高奉

留守次郎兵衛尉殿（家任）

後醍醐天皇の新体制である建武の新政下で、公卿西園寺公宗の反乱計画発覚など政情不安が続く中、鎌倉方の残党北条時行が起こした中先代の乱により窮地に陥った弟・足利直義救援のため東下し、乱を鎮圧したあとも鎌倉に留まり、恩賞を独自に配布した。これを独自の武家政権を樹立する構えと解釈した天皇との関係が悪化、建武の乱が勃発した。箱根・竹下の戦いでは大勝するが、第一次京都合戦および打出・豊島河原の戦いで敗北し、一時は九州に都落ちしたものの、光厳上皇が尊氏に対し新田義貞追討の院宣発給し、再び太宰府天満宮を拠点に上洛して京都を制圧。光明天皇践祚を支援し、光明天皇に征夷大将軍に補任され新たな武家政権（室町幕府）を開いた。一度は京に降った後醍醐天皇は、すぐ後、吉野に脱出し南朝を創始することになった。(18)

鎌倉支配が二十日余りしか続かなかったことから、廿日先代の異名もある。
延元元年／建武三年（1336年）暮れに、足利尊氏に対抗するために京都を脱出して吉野に逃れた後醍醐天皇は、陸奥国の北畠顕家に対して義良親王（後の後村上天皇）を奉じて上洛させ尊氏討伐を命じた。

建武二年十二月廿八日【岩城文書】1335年

自奥州、親王宮幷國司、為追伐關東御發向之由、其聞候之間、奉懐取　親王宮、為被追伐國司以下凶徒等、相催當國軍勢候之處、御参御方之條、眞實眞實目出相存候、來月五日、為追伐國司、可罷立國候、御同道候者、尤本望候也、執達如件

建武二年十二月廿八日　沙彌　行　圓

式部伊賀左衛門三郎殿

親王宮ならびに国司北畠顕家が関東征伐のため発向した間に奉懐取（陸奥国衙を奪い取る）、多くの南朝方軍勢が国司と共にお発ちになる、ほんとうに目出度い事だ。

建武三年正月十二日【秋田藩家蔵文書―白河文書】1336年（南朝方）

義良親王令旨寫

御自筆御書案建武二蜜々事書一通遣之、當國事有所廻仰付候處、
治國之躰本意先以神妙、就中、（結城）道忠、（葛西）清貞已下致無貳之忠之趣、可奏
達者、所感思食也、件輩、近代為陪臣治倫候處、直致奉公被召仕候條、争不成其勇乎、
依忠之淺深、彌可被捽叡慮之旨、面々可仰含者也、御輿警固事、兼日被仰出了、縱
及合戰、不離申御輿邊、仍執（達）如件

建武三年正月十二日

右少将　在判

上野入道殿（結城宗廣）

建武三年二月八日【結城文書　津市　結城朝嘉氏蔵（影寫本）】1336年

某書下状案

國司昨日進發、先目出候、御沙汰之次第、頗雖迷惑候、所詮朝敵追討之一段、諸人不
入意候條、不可説候、参州已下一族已令同候、相構無等閑、可被加扶持候由、連々以
使者、可有教訓候、兼又小山・長沼已下未令進發候、連々可被催促候也、事々期見参状
如件、

建武三　二月八日　御判

結城、小山、長沼等は関東朝敵追討に向かわず、国司北畠顕家と離反していた。

延元元年八月六日【遠野南部文書】1336年（南朝方）
鎮守大将軍北畠顕家御教書（北畠顕家　花押）
尊氏、直義等、去五月雖亂入京都、官軍依致防戦、尊氏以下数十人、七月十五日自害、
爰當國一二三追凶徒等襲來之旨、有其聞之間、所被差遣軍勢也、定早々可令静謐歟、
糠部軍勢、無左右可参府、且可静謐郡内之由、鎮守大将軍仰所候也、仍執達如件、
延元元年八月六日　軍監　有　實　奉
南部六郎殿
「尊氏以下数十人、七月十五日自害」これは荒説で尊氏は自害していない。

延元元年八月廿六日【相馬胤平軍忠状　相馬文書】1336年（南朝方）
合戦目安
相馬六郎左衛門尉胤平申合戦
右、陸奥国高野郡内八築（八槻）宿仁天、去年建武三十二月廿三日夜、御敵数千騎押寄之処仁、捨于身命、令塞戦之処仁、幡差平七助久小耳尾被射抜畢、同廿六日当國行方郡高平村内寛徳寺打越、舎弟八郎衛門尉家胤・同九郎兵衛尉胤門、并次郎兵衛尉胤景・同又次郎胤時・同彦次郎胤祐・同孫五郎親胤、相共構城館、於御方館築候之処仁、当年建武四（1337年）三月八日為凶徒対治、自伊達郡霊山館、於広橋修理亮雖参大

将軍小手保河俣城被相向候之由、有其聞之間、同十一月馳向之処仁、先立于御敵成于降人参之間、同十三日信夫庄打入天、対治凶徒余類、同十五日同庄荒井城押寄、致合戦之忠、捨身命令相戦之間、御敵降人仁出来候訖、（○中略）被此度々合戦令忠節候之上者、為賜御判、合戦目安之状、如件、【訖】おえる

延元元年八月廿六日

（証判）「検知之（花押　広橋経泰）」

伊達郡霊山館（月舘町御代田殿城館）、小手保河俣城、この両城は国道349号線沿いにあり、小手保川俣城と国府（信夫郡）は国道114号線で結ばれている。霊山城から川俣城経由で国府（信夫郡）へ打入り、北朝方と戦い、信夫庄荒井城（上鳥渡大畑の城ノ内は荒井と接し、荒井城は二階堂屋敷と考えられる）

北畠顕家が陸奥国を留守した間に国衙を伊賀氏・二階堂氏等の北朝方が占拠した。

延元二年三月廿九日【結城古文書写】1337年

北畠顕家軍勢催促状　（顕家　花押）

為五百川凶徒對治、所被差遣軍勢也、早相催庄司一族、令發向、可被致對治沙汰由、鎮守大将軍仰所候也、仍執達如件、

延元二年三月廿九日　軍監有実奉
大蔵権少輔殿

五百川凶徒対治のため結城（白河）氏へ援軍を催促する。白河氏はすでに離反し応じる気配がない。

延元二年四月五日［後醍醐天皇綸旨案］1337年（南朝方）

度々被仰了、而遅参之間、凶徒未敗北、忩可被馳参之由、被仰下之状、如件、
延元二年四月五日　参議在判
上野入道館

延元二年四月九日【北畠顕家軍勢催促状　有造館結城文書】1337年（南朝方）

（顕家）（花押）
五百川凶徒対治、先度被仰候、方々余類等馳集之間、伊達・庄司輩、遂合戦之最中也、相催一族、忩可令馳向給之由、鎮守大将軍仰所候也、仍執達如件、
延元二年四月九日　軍監有実奉
大蔵権少輔殿

北朝方に北畠顕家軍の国府（信夫郡）帰還を五百川付近で阻止され、現在の国道349号線沿いに北上し霊山付近に逗留し始める。

延元二年五月十四日　【後醍醐天皇綸旨案】1337年（南朝方）

為宮御共、参霊山城之由、聞食、相扶老躰、在忠節之条、尤以所感思食也　殊廻籌策、早速可対治朝敵、且陸奥国司上洛者、其間事、殊可沙汰、軍忠之次第、猶以神妙、宜被加其賞者、

天気如此、悉之、以状、

延元二年五月十四日　勘解由次官　在判

結城上野入道館

【聞食】お治めになる。きこしめす。【籌】はかりごと。計略。「籌策・籌略」【天気】天子の気色きしょく。天皇の機嫌。天機。【勘解由使】律令制の下では、国司の任期が満了したとき、事務引継ぎが問題なく行われた証として、後任国司から前任国司へ解由状（げゆじょう）という文書が交付されていた。

北畠顕家は陸奥国府（信夫郡）へ戻れず、仕方なく国府の隣り伊達郡霊山付近に籠もった。

霊山は険阻で山頂部はアクセスが悪く、軍粮の調達も困難な所である。

後の史料に霊山埋峰城と記されている。霊山埋峰城とは月舘町御代田殿城館と推定される。何故なら、兵糧がなければ戦えず辺りの御代田の稲を粮に用いたと考えられる。福島県郡山市田村町御代田は南朝方田村氏の兵糧田と考えられる。

御代田殿城館は国道349号線と国道115号線が交わるあたりの御代田地内にある。埋峰城（月舘町御代田殿城館）、大波城、陸奥国衙が旧相馬街道で結ばれ、国衙奪還に好都合な場所にある。なお、国道349号線は国見城、御代田殿城館、川俣城が道路で結ばれている。

建武四年正月廿七日　［氏家道誠軍勢催促状］　1337年（北朝方）

先國司、被籠霊山城之間、令発向東海道熊野堂、被致軍忠之条、尤神妙也、同為武野路手可被致合戦、重有軍忠者、可有抽賞者也、仍執達如件

建武四年正月廿七日　沙弥（氏家道誠）

相馬惣領松鶴殿（胤頼）

暦応四年正月十三日【石塔義房軍勢催促状】1341年（北朝方）

為対治凶徒発向之間、可被警固岩切城也、若雖為片時有懈怠者、可処罪科之状如件、

暦応四年正月十三日　沙弥（石塔義房　花押）

佐藤十郎左衛門入道殿（性妙）

岩を切り空堀を作ったことから岩切城と考えられ、また、金採掘のため岩を穿った跡のある大森城が岩切城と呼称された。

石塔義房は岩切城に拠点をおき南朝方攻撃の間、佐藤十郎左衛門に警固させた。

興国二年七月廿日【五辻清顕書状　結城文書】1341年

去月廿四日御礼、今月十六日具入見参候了、当方事、此間被廻籌策之最中候、近日一道可成立候、且凶徒等少々可参御方由、内通之子細候之間、就是非可遂其節候、兼又常州合戦事、方々荒説、何も不分明候之処、委被申候之間、被散御不審候間、其方常州後措等も可輙候者、不能左右候、猶可為難儀候者、当国対治事者、不可有子細候へハ、其方勢与伊達勢成一手候者、府中対治安平事候哉、然者其時、押て被責上常州之企、可目出候哉、石川・田村勢はかりにても下向候者、此辺官軍等、相共可対治府中候、所詮偏被憑思食候之上者、相構〳〵、急早可被廻遠慮候、他事又々可申候也、恐々謹言、

（興国二年）七月廿二日　清顕（花押）

白川修理権大夫殿

【府中】国衙の所在地、国府、ここでは信夫郡である。【常州之企】北畠親房の計画

南朝方は離反する白川氏に、白川勢・伊達勢が与し、石川・田村の官軍と共に府中（信夫郡）退治に加わるよう促す。

康永三年八月廿日　［石塔義元軍勢催促状］　1344年（北朝方）

伊達郡霊山以下凶徒等、令乱入伊達・信夫両郡之由、注進到来之間、為誅伐所令発向也、早相催一族親類等、不時日、可被馳参之状如件、

康永三年八月廿日　左馬助（石塔義元）

霊山以下凶徒等が、伊達・信夫郡（国府）へ乱入したため　急ぎ、一族親類を集め、国府（信夫）に馳せ参いれ。

貞和二年二月九日【吉良貞家軍勢催促状　相馬文書】1346年

所々城郭対治事、為談合、不日可被参府、若令　違期者、可有其咎之状如件、

貞和二年二月九日　修理大夫（吉良貞家）（花押）

相馬出羽権守殿（親胤）

伊達郡内の南朝方城郭退事の件で相談がある。急ぎ国府（信夫郡）へ参れ。若し、遅れたらば咎める。

貞和二年二月九日【吉良貞家軍勢催促状　相馬文書】１３４６年
所々城郭対治事、為談合、不日可被参府、若令　違期者、可有其咎之状如件、
貞和二年二月九日　修理大夫（吉良貞家）（花押）
伊賀三郎左衛門殿

貞和二年四月　日【佐藤文書】１３４６年
佐藤十郎左衛門入道性妙軍忠状
陸奥國信夫佐藤十郎左衛門入道性妙謹言上　欲早任建武弐年以来、諸国所々軍忠所見状等、賜御吹挙　於京都□□□施弓箭面目、弥励奉公忠節子細事、副進
一巻　軍忠所見状等
右性妙雖為不肖身、去建武二年、斯波奥州、為当国前宰吏顕家卿追討御発向之時、為御方子息一族等軍忠以来、奥州所々、勢州小屋松、雍州八幡山、摂州天王寺・阿倍野・湊河・花熊・生田森・摩耶山、播州山田生（庄）丹生寺・谷上・諏方尾以下合戦、性妙代子息彦左衛門尉行清、幷若党ら被疵之条、所見分明也、而間或預京都御感御教書、或先大将被預置所々之上、被進御吹挙於京都訖、雖然於恩賞者于今遅々、至預所者悉以相違、余命不幾之間所歎存也、□大将御下向逢遇悦也、然早任軍忠所見状等、賜御吹挙浴恩賞、施弓箭面目。弥為励奉公忠節、仍恐々言上、如件

貞和二年四月　日

【推挙・吹挙】ある官職・仕事に適当な人だとしてすすめること。【勢州】伊勢国【雍州】山城国
【摂州】摂津国一部は今の大阪府、一部は兵庫県に属する。【播州】今の兵庫県の南西部。

貞和二年六月廿七日【畠山国氏書下】結城文書１３４６年（北朝方）

奥州郡々検断奉行事、任先例、不可有相違、但於安積郡者、追可有其沙汰之状如件、
　貞和二年六月廿七日　右馬権頭（畠山国氏）

結城氏は完全に南朝方から離反し北朝方に与した。

貞和二年閏九月十七日【佐藤文書】１３４６年

佐藤十郎左衛門入道性妙申恩賞事、申状并具書案壱巻令進上候、性妙企参洛可言上之由之、為凶徒対治留置候之間、進代官候、以此旨可有御披露候、恐惶謹言
　貞和二年閏九月十七日　右馬權頭国氏（花押）（畠山）
　　　　　　　　　　　　右京大夫貞家（花押）（吉良）
　進上　武蔵守殿（高師直）

貞和二年十月八日【畠山国氏軍勢催促状】（佐藤文書）１３４６年（北朝方）

為凶徒対治、所令発向信夫郡余部也、不日令馳参、可被致忠節之状、如件、

貞和二年十月八日　右馬権頭（畠山国氏　花押）
佐藤十郎左衛門入道殿
陸奥将軍所は国府（信夫郡内）の余部であり、十郎左衛門を将軍所に入った南朝方討伐に向かわせた。
宝亀十一年に征討将軍が造った軍所、福島市瀬上宮代瘤石（古府）の余目小学校あたりが余部である。

貞和三年四月二日【大悲山文書】1347年
相馬次郎兵衛尉朝胤申恩賞事
申状幷具書案壱巻、謹進覧、子細載于状候、朝胤企参洛、可言上由雖申之、為凶徒對治留置候之間、進代官候、以此旨可有御披露候、恐惶謹言、
貞和三年四月二日　　右馬權頭国□（花押）（畠山国氏）
左京大夫貞家（花押）（吉良貞家）
「大悲山文書は小高町相馬胤敏氏所蔵」
貞和三年七月廿三日【畠山国氏軍勢催促状　浪江町大和田秀文蔵】1347年
為霊山凶徒後攻、所差遣冨田彦三郎也、早属彼手、相催庶子、可被抽軍忠之状、如件、

貞和三年七月廿三日　右馬権頭（畠山国氏　花押）

貞和三年八月一日【吉良貞家寄進状　飯野文書】1347年（北朝方）

奉寄
陸奥国岩城郡好嶋庄飯野八幡宮同郡矢河子村地頭職事、所令寄進也、弥可致御祈祷精誠之状、如件、
　貞和三年八月一日　　右京大夫源朝臣（花押）（吉良貞家）

飯野家文書は、鎌倉幕府政所執事伊賀光宗を祖とする飯野八幡宮宮司飯野家に伝来する鎌倉期から明治初期にいたる文書。伊賀光宗は伊賀朝光の次男。子である伊賀の方が二代執権・北条義時の後室となり、自身も政所執事を務めるなど有力御家人。

貞和三年九月　日【遠藤　白河文書】1347年（北朝方）

目安
石河蒲田四朗太郎親光申軍忠事、
右去七月四日夜、御敵入替岩色城之由、同九日差遣代官子息八郎五郎貞秀、致軍忠之処、同十三日夜責落御敵等了、次伊達馳向藤田城、代同弥六朝光致軍忠之間、同廿三日属畠山彦三郎殿御手、可馳向小手保河俣城之由依仰下、同廿五日馳向彼城之処ニ、御敵等令没落了、次八月八日兼光馳向埋峯城、於新御堂御陣致警固之処ニ、凶徒等令

降参之上者、賜御判、為備後証、目安之状如レ件、

貞和三年九月　日

（承判）「一見了　（畠山国氏　花押）」

【岩色城】本宮町岩根地区に所在した【藤田城】国見町大字山崎字南古舘・北古舘地内【河俣城】福島県伊達郡川俣町飯坂字城ノ倉【埋峯城】伊達郡月舘町御代田殿城館。【御代】天皇の治世。【御代田】郡山市田村町御代田、伊達市月舘町御代田、長野県佐久郡御代田。

『埋峯城、於新御堂御陣致警固之処ニ、凶徒等令降参之上者』

埋峯城、新御堂（殿城館）の御陣を警戒、護衛中に凶徒等が降参した。

埋峯城は霊山、御幸山、阿武隈山地の峰々に囲まれ、峰々に埋もれる場所にあることから霊山埋峯城とも呼称されたと考えられる。

太平記「白河を西へまくり東へ追靡け、七八度が程懸合たるに、討る、者三百人、疵を被る者数を不知。両陣互に戦屈して控息を継処に、兼の相図を守て、佐々木判官入道々誉七百余騎にて、思も寄らぬ中霊山の南より、時をどつと作て桃井が陣の後へ懸出たり。」新御堂御陣は埋峯城と考えられる。(13)

貞和三年九月　日【伊賀盛光軍忠状　飯野文書】１３４７年（北朝方）

目安

伊賀三郎左衛門尉盛光軍忠事、

右、陸奥国伊達郡霊山幷藤田・宇津峯為御対治凶徒、大将御発向間、属仁木式部大輔

殿御手、貞和三　七月十八日馳参鉾推之城、同廿一日押寄藤田城処、自西搦手出張御敵間、致散々合戦、御敵於追入城内迄、同廿二日於　大将御前大手之木戸口捨身命、致散々合戦之処、若党右馬六郎友光被射右腕迄、仍御一見上者、賜御判、為備後證亀鏡、一見之状如件、

貞和三年九月　日

（証判）「一見了　（吉良貞家　花押）」

鉾推之城の「推」おす。力を加えて前におしやる。大伴家持言に「設㆓防禦於東西㆒、誠是備㆓預不虞㆒、推㆓鋒万里㆒者也、」東西に設けた防禦を鉾に喩え鉾を万里に推し、不慮に備えるとした。防禦施設は国見防塁で外縁に高城旗鉾と言う地名がある。藤田城近くの高城が鉾推之城と呼称されたと考えられる。

貞和四年三月十六日【結城文書・結城古文書写】１３４８年

吉良貞家・畠山国氏連署吹挙状案

結城弾正少弼顕朝申、父子所領等事、申状并奥書、謹進覧之、子細載于樹状候、先度注進之処、御沙汰延引之由、歎申候、就中今度霊山埋峯発向之時、顕朝致軍忠、手物

被疵候之上者、急速可被経御沙汰候哉、以此旨可有御披露候、恐々謹言　此末不見
「貞和四年三月十六日　右馬権頭国氏（在判）
右京大夫貞家（在判）
進上　武蔵守殿（高師直）
「霊山埋峯」とひとくくりにされていることから、霊山城とは埋峯城と考えられる。
貞和四年四月八日【吉良貞家書状　結城文書】1348年
結城弾正少弼顕朝所領安堵事、度々注進候処、御沙汰延引之由歎申候、顕朝今度霊山・埋峰発向之時、致戦功候了、仍可参訴之由、雖申之候、吉野没落凶徒可落下当国之由、被成御教書候之間、為対治留置候、代官可申入候、急速被懸御意候者、悦入候、恐々謹言
（貞和四年）四月八日　右京大夫貞家　御在判
謹上　伊豆守殿（上杉重能）

XII　観応の擾乱

将軍・足利尊氏の弟で幕府の実権を握る足利直義の派閥と、幕府執事・高師直、将軍・尊氏の派閥争いが陸奥国内に波及した。

観応二年正月廿八日【吉良貞家軍勢催促状】1351年（北朝方）

師直・師泰治罰事、任被仰下之旨、打立候処、畠山上野入道・同右馬権頭国氏・留守但馬守家次令同意師直之間、今月九日以来、於所々合戦之刻、国氏等落籠府中、岩切・新田両城之間、連日合戦最中也、不廻時日、相催庶子馳参、致軍忠者、宣抽賞状如件、

観応二年正月廿八日　　右京大夫（吉良貞家　花押）

伊賀三郎左衛門尉殿

「国氏等落籠府中」国氏等は府中（信夫郡）の新田城に籠もり岩切城との間で連日合戦した。「新田城」福島市小田新田ノ目八幡館と考えられる。畠山氏は岩切城近くの虚空蔵楯に居るところを和賀氏に攻め込まれ自害する。

観応二年二月　日【和賀義光軍忠状　鬼柳文書】1351年

和賀六郎次郎義光合戦次第事

右、義光、去正月十六日、任御教書旨、惣領被相催間、属彼手、府中馳参、岩切城搦手太田口令警固、同二月十二日、自大仏南脇責上、城内切入、致合戦忠節了、次同十四日、宮城郡虚空蔵楯、畠山上野次郎殿、留守但馬権守、同三河権守、宮城四郎兵衛尉楯籠之間、彼城馳向致合戦軍忠之処、上野二郎殿自害了、次所被生捕、但馬権守、三河権守、宮城四郎兵衛尉也、然早下賜御証判、為備末代亀鏡、恐々言上如件、

観応二年二月　日　（証判）一見了　（吉良貞家　花押）

正月十六日、府中（信夫郡）に馳せまいり、岩切城搦手太田口警固（大森城山の西に城裏山、城裏口である。搦手は城の裏門）、同二月十二日、大仏城（陸奥国衙）の南脇から攻めあげ、城内に切り込んだ、合戦し忠義をつくした、次、同十四日宮城郡（国府信夫郡を宮城郡と思違いしたと考えられる）虚空蔵楯（虚空蔵楯は福島市山田虚空蔵前の裏側の山頂部と考えられる）に馳せ向かい合戦軍忠致し、上野二郎殿自害了、次所被生捕、但馬権守、三河権守、宮城四郎兵衛尉也、

岩切城搦手太田口は大森城山の南西に城裏口。この付近は太田姓の方が多くおられる所である。

「暦応四年正月十三日【石塔義房軍勢催促状】1341年（北朝方）為対治凶徒発向之間、可被警固岩切城也、若雖為片時有懈怠者、可処罪科之状如件、暦応四年正月十三日　沙弥（石塔義房　花押）佐藤

十郎左衛門入道殿（性妙）」

岩切城は石塔義房や吉良貞家が陣を置いた城（大森城）。

大仏城は陸奥国衙。現在の福島県庁一帯が大仏ノ城であった。

「宮城郡虚空蔵楯」和賀六郎次郎義光は国衙の所在地から宮城郡と記したと考えられる。虚空蔵楯は地理院地形図上の城裏口から直線距離で９００ｍほどの高倉山南斜面に虚空蔵前と言う地名が現存する。地名から虚空蔵楯は高倉山山頂付近にあったと考えられる。福島市山田虚空蔵前北側の平坦部が虚空蔵楯跡と推定される。

畠山軍は虚空蔵楯から吉良貞家の岩切城攻撃準備中を和賀氏等に逆に攻撃され畠山氏が自害し、但馬権守等は生け捕られる。

観応二年二月　日【和賀義勝代野田盛綱軍忠状　鬼柳文書】１３５１年

和賀彦次郎義勝代野田三郎兵衛尉盛綱合戦次第事

右、盛綱、去正月十六日、任御教書旨、惣領被相催間、属彼手、府中馳参、岩切城搦手太田口令警固、同二月十二日、自大仏南脇壁岸責上城内切入畠山殿御陣、於御前、庄之七郎相戦頸取了、此等次第、小御所私候人大塚十郎、大河内兵庫助、同所令合戦見知者也、同十四日、

宮城郡虚空蔵城、畠山上野二郎殿、留守但馬権守、同三河権守、宮城四郎兵衛尉楯籠間、彼城馳向致合戦軍忠之処、上野二郎殿自害了、但馬権守、宮城四郎兵衛尉、

被所生捕也、然早下賜証判、為備末代亀鏡、恐々言上、
観応二年二月　日　一見了（証判）（吉良貞家　花押）

観応二年二月十二日【結城顕朝書状　結城文書】1351年

今日十二日、岩切城寄懸て合戦し被追落了、畠山禅門父子はらきられぬ、其外御内外様百途人打死はらきり了、かゝる目前かわゆき事見事候ハす候、遊佐物共、躰あはれに覚候、一人ものこらすうち死はらきり了、持所兄弟二人究候所ニ、うちしにつかまつり候ぬ、当手物共、留守かうしろつめ手にむかひ候つる、隋而不及合戦候、無念至候、返々憑入候、但少々うちいて、候つる、御当手達を見候て、引返候間、大将方へ見候て、当年ゆへにうしろつめと、まりて候間、忠か上忠たるへきよし被仰候、悦入候、委細親頼迄進候歟一当関所けいこ（警固）の事により候て、中将公申し進め候、相構〳〵恐々謹言

二月十二日　顕朝（花押）

白川七郎兵衛尉殿

【禅門】在俗のまま剃髪して仏門に入った男子。

畠山氏が岩切城に攻め寄せ掛け合戦とあり、虚空蔵楯は岩切城近くにあった。

畠山国氏父子自殺幷斯波家兼父子奥州探題職之事

如レ是吉良畠山の両家睦敷志しを合て政道ニ私欲なく執行しける所に、京都に於て高国の一族に畠山大蔵太輔直宗と上杉伊豆守重能将軍家幷ニ御舎弟錦小路左兵衛督直義朝臣に昵近して、執事高武蔵守師直と元来ヨリ其中不快也しが、師直此頃四条畷の軍に勝て楠正行兄弟を亡くしてヨリ已後來、功に驕り賞に奢て勢ひ恣成て悪行甚しかりければ、両人鞶ニ直義朝臣と相謀り師直を討んと企てけるを栗飯原彈正左衛門清胤か内通によつて師直是を聞出して大に怒りて一味の大名を語らひ、忽に将軍尊氏卿の御所を攻囲み奉りければ将軍家彼が怒り宥られんが為に錦小路殿ハ入道して恵源禅門と号す、上杉畠山ハ越前の国へ流罪せられける、師直頓て八木の光勝に命じて直宗重能を責殺し猶彼の一族たるによって高国父子も一周成せし事を疑ひ吉良貞家の基へ高国父子討べき旨、将軍家の下知の由を御教書に認め差下したりければ、貞家武命ヲ含て軍兵を催し二本松の城を囲む（この頃、畠山氏は国府信夫郡に居たのでこれは誤り）、時に観応二年二月十二日畠山高国入道信元嫡子右馬頭次男次郎蔵人直泰父子三人罪なくして自殺せらる、此時京都より東奥の仕置吉良貞家壱人にてハ叶ふべからず迚、斯波尾張守高経の弟伊豫守時家ハ越前足羽の庄に於て宮方の大将軍新田左中将義貞を討取たる大功の人なれバ迚、時家を陸奥守家兼と改め奥州の管領職を補せられ中奥の大将に差下され是を大崎殿と号す、其二男修理大夫兼頼ハ出羽国按察使に捕せられて父子忽ちに両国の管領をして頼兼ハ最上郡山形城に移住して最上殿と号す、足羽横畷にて義貞の首を得たる、氏家中務允重国も家兼に随て馳下り此子孫大崎最上両家の長臣と成て後に最上出羽守義光の家老氏家尾張守同左近大崎左右衛門督義隆の家臣岩手沢の城を預りける、氏家三河守同弾正等は皆此子孫なりとかや、(14)

【昵近】なれしたしむこと。したしみ近づくこと。じっこん。【四条畷】大阪府東部の市。1348年(正平三) 楠木正行まさつら・弟正時が高師直・師泰と戦って自害した所。同市南野みなみのにある元別格官幣社四条畷神社は、1890年(明治二十三) 創建で正行を祭神とし、正時以下の将士を配祀。【驕】おごりたかぶる。ほしいままにする。わがまま。【奢】限度をこえる。おごる。ぜいたく。華美。【恣】かって気まま(にふるまう)。ほしいまま(にする)。【顰】ひそめる・しかめる。【粟飯原】千葉一族。「あいはら」「あいばら」とよむ。粟飯原氏には二流があって、ひとつは千葉氏の祖・平良文の兄である平良兼の次男・盛家と三男・良定がともに粟飯原郷を領して粟飯原を称した。もう一流は、良文の後裔平常長の四男・粟飯原常基が「粟飯原孫平」を称したとされる。のちにこの二流はひとつになった。【迚】とても。とうてい。どうしても。「しんにょう」+「中」。中途まで行く意。

観応二年四月　日【飯野八幡文書】1351年

着到、

式部伊賀三郎左エ門尉盛光代、子息孫次郎光長、去三月當大将自奥州府中於御立之時分御供仕、道々所々致警ニ警固一於羽州至于今令當参畢、

観応二年四月　日、

承了花押(吉良貞家)

吉良氏が府中（信夫郡）から出羽に至るまで伊賀氏が警固した。

観応弐年卯月七日【吉良貞家施行状　鬼柳文書】１３５１年

陸奥国和賀郡内新堀村事、任㆓本知行之旨㆒、可㆑令㆓領知㆒之状、依㆑仰執達如㆑件、

観応弐年卯月七日　右京大夫（花押）

和賀鬼柳兵庫助殿

【和賀郡内新堀村】現在の花巻市石鳥谷町新堀・石鳥谷町戸塚にあたる。
【和賀郡鬼柳】現在の北上市鬼柳地域

正平七年三月十八日【吉良貞家軍勢催促状　相馬文書】１３５２年

今月十七日顕信卿没落三沢城、引籠小手保大波城之間、差遣軍勢等取巻也、早一族相共、不日馳越小手保、可抽軍忠、雖数ケ度加催□（促カ）、□（于カ）今不参、太無謂、猶以不参者、任被仰下之旨、為有殊沙汰、可□（注カ）進鎌倉之状如件、

正平七年三月十八日　右京大夫（吉良貞家　花押）

【不日】幾日もたたないこと。日ならず。まもなく。【太無謂】「はなはないわれなし」と読む。
【三沢城】宮城県白石市大鷹沢三沢落合の城。【大波城】福島市大波字水戸内。

大波城跡は相馬と国府を結ぶ旧道沿いにあり国衙大仏ノ城に通じる道路がある。県道３０８号線、国道１１５号、県道３０８号線。

文和二年四月十日　【足利尊氏下文】　１３５３年

（足利尊氏　花押）

下　結城弾正少弼顕朝

可令早領知陸奥国信夫庄余部地頭職事、

右以人、為勲功之賞、所充行也者、守先例、可致沙汰状、如件、

文和二年四月十日

陸奥国信夫庄余部は宝亀十一年に征夷将軍が置いた軍所。鎮兵停止後にも鎮守将軍が任じられ鎮守将軍府であったと考えられる。

文和二年四月十三日　【仁木頼章施行状】　長沼文書　１３５３年

結城弾正少弼顕朝申、

陸奥国信夫庄余部地頭職事、任今月十日御下文之旨、石河孫太郎入道相共、莅彼所、沙汰付下地於顕朝代官、可被執進請取之状、依仰執達如件、

文和二年四月十三日　散位（仁木頼章　花押）

長沼淡路守殿

陸奥国信夫庄余部地頭職代官を長沼氏に沙汰した。

後に餘目旧記を書いた人物は結城一族の長沼氏或いは小峰氏と考えられる。

貞治六年十二月七日【足利系図】１３６７年
北朝征夷大将軍足利義詮薨ス、男義満嗣ク、
足利義満の母紀良子の妹は伊達大膳大夫政宗の妻。

明徳二年六月廿七日【伊達家文書　将軍家足利義満御教書】１３９１年
陸奥國加美郡事、畠山修理大夫国詮分郡也、而左京大夫仰留云々、綷絶常篇歟、同国黒河郡者、国詮恩賞之地也、同前、早伊達大膳大夫（政宗）相共、莅彼所、可沙汰付国詮代、就彼左右為有沙汰、可被注申之状、依仰執達如件、
明徳二年六月廿七日　右京大夫（細川頼元　花押）
葛西陸奥守殿

国詮　興国六年／康永四年（１３４５年）に奥州管領に任命されると、父と共に陸奥国府に着任、奥州の南朝勢力の鎮撫に努めた。しかし、やがて同じく奥州管領として補任されていた直義派の吉良貞家と対立し、観応の擾乱において尊氏派に属したため貞家と全面的な軍事衝突となった。同年二月に貞家軍に岩切城近くの虚空蔵楯を攻囲され、父と共に自害して果てた。子の国詮（幼名平岩丸）は奥州に土着、二本松氏の祖となった。(14)

XIII 明徳の和約

明徳三年／元中九年（1392年）に南朝（大覚寺統）と北朝（持明院統）間で結ばれた和議と皇位継承について結ばれた協定。明徳の和談、元中一統とも。

御合體事、連々以兼熙卿申合候之處、入眼之條珍重候、三種神器可有歸坐（座）之上者、可為御讓國之儀式之旨得其意候、自今以後、両朝御流相代之御讓位令治定候畢、就中諸國國衙悉皆可為御計候、於長講堂領者諸國分一圓可為持明院殿御進止候云々、

と見えるが如く、大體左の四箇條が存在したのである。すなはち

一、後龜山天皇より後小松天皇に御讓國の儀たるべき事、

一、皇統は大覺寺・持明院領統迭立たるべき事、

一、諸國々衙領は悉大覺寺統の御官領たるべき事、

一、長講堂領は持明院統の進止たるべき事、(15)

【進止】土地や人間を支配すること。

明徳の和約により、陸奥国衙領が大覺寺統の御官領となった。

信夫以南が陸奥国衙領であり、一部は左大臣家領等になっていた。信夫郡を割いて伊達郡が建てられたことから伊達郡も国衙領に含まれていたと考えられる。

明徳四年二月六日【前参河守某施行状　結城大蔵文書】１３９３年

陸奥国金原保年貢事、先度被仰之処、難渋云々、太無謂、所詮厳密可令究済之状、依
仰執達如件、

明徳四年二月六日　前参河守（花押）

小峰七郎殿

陸奥国金原保は福島県伊達市保原町金原田と考えられる。

白河氏一族の小峰氏が餘目地頭職代官に就いていた。長沼氏や小峰氏は同族。

福島市瀬上宮代から保原町金原田は東北８Ｋｍ程の所である。

明徳五年四月廿五日【秋田藩家蔵文書　紗弥賢雄年貢請取状】１３９４年

納　石河庄鎌田内三分壱赤坂村国衙御年貢事

合壱貫文者

右去年分所納如件、

明徳五年四月廿五日　　紗弥（花押）(16)

陸奥国衙年貢の納入記録は明徳の和約に基づく国衙年貢が納められた証拠である。

応永六年七月二十八日【喜連川判鑑】１３９９年　公方満兼は奥州分国巡行と称して奥州白河におもむき、稲村御所に逗留し、十一月に鎌倉に帰る。

鎌倉府方は関東以北を鎌倉府の管轄地とし明徳の和約を認めず室町幕府と対立した。

応永七年三月八日【足利満貞書下】１４００年

伊達大膳大夫入道円考（政宗）・葦名次郎左衛門尉満盛等陰謀事、依露顕、已逃下之者、不日所可被加退治也、早可致忠節、於恩賞者、依功、可有御計之状如件、

応永七年三月八日（満貞　花押）

結城参河七郎殿（満朝）

（包紙）「結城参河七郎殿　満貞　」

応永七年、足利満貞が白河の結城満朝に、伊達政宗・葦名満盛討伐のことを命じた文書。

満貞は関東管領足利満兼の弟で、前年の応永六年に満直とともに奥州に下向した。一般に、満貞は安積郡笹河（篠河。今の郡山市。）にあって笹河公方、満直は岩瀬郡稲村（いまの須賀川市）にあって稲村公方と、それぞれ称したとされている。(18)

【餘目舊記】(18)

永安寺殿（足利氏満）御ゆかい（遺誡）ニ、今若御曹司、乙若御さうしとて御兄弟

御坐ヲ、両国（陸奥出羽）之御主ニ可レ奉レ成と御ゆかい候間、鎌倉御臺様かたしけなふも御すへ
伊達入道白川入道を召され、御しゃうしこしに、いまわかをくたす事、いたてを父とたのミ、しらかハヲ母とたのむへきよし被レ仰、恐々餘ニ夢の心地して、畏て候と申上、上杉の司忠官領職ニて両御若君下給ふ、御宿ハ白川殿なり、伊達殿ハ鎌倉へおりのほり（下り登り）の定宿白河也、御へん小路の五郎左衛門と云者のかた也、白河殿の中間所也、上杉蔵人太輔かうちに馬を扣（控）、大家を宿ニ可取と五郎左衛門か家關一の大家なり、かれを宿に可レ取といはる、伊達政宗如何ニ官領ニ御座候とも、侍程之者之可不引よし被云なり及事候間、白河方伊達殿ニ手ヲするといへとも政宗不承引、其時桑嶋先祖、宮澤の先祖両入道其坐ニ候しか、たゝ白河殿の御志ニなさるへしと申間、政宗十里はかりある山家へ、宿をかゆる、はやいこん（遺恨）に候歟、其後又しちう（司忠）、いたて、白川へ先に、御公領を可レ被レ進といはる、心得かたく乍レ存、伊達よりハ永井はうちやう（北条）の三十三郷、しらかハよりハ宇田庄を可レ進之由被申、しちう（司忠）庄なとハ心得かたく、郡を進上と被云候故ニ、宮澤之先祖中様此上ハ思召被レ定、大崎御一所ニて京都を被守、御切腹候へしといふ間、伊達殿其旨に同奉迎とよひのほせらる、五百餘騎勢衆のほる、去間白河中ニハ、伊達可ニ昇進一、打留よと相ふれけり、政宗宿ニ心をアハせて、出羽ニかゝりれにけくたる、

去程ニ白河中、かねたいこヲ打て三千騎斗おつかけ、信夫庄までおいけれ共、おいつかすして引返ス、大崎殿ハ瀬ケ崎よりにけ給しか、大勢ニおハれ、又行さきも大切之間、仙道大越ニてひそかの御はらヲめさる、云々

「伊達政宗如何ニ官領ニ御座」明徳の和約で陸奥国衙領は大覚寺統の大膳大夫伊達政宗に差配権が与えられていた。鎌倉府方は明徳の和約を認めず、関東は鎌倉府の支配地と主張し室町幕府と対立した。

應永九年五月三日【御教書　大庭文書】1402年

奥州凶徒対治事、今月廿日、所差遣右衛門佐氏憲（上杉）也、殊可被致祈祷之精誠之状如件、

應永九年五月三日（足利満兼　花押）

若宮小別当御房

應永九年【鎌倉大草紙　應永九年条】1402年

同九年壬午、奥州宮方の余党伊達大膳大夫政宗、法名圓孝、陰謀を企て、篠川殿の下知に従い申さず、一味同心の族蜂起しける間、同五月廿一日上杉右衛門佐入道禅秀、為大将、発向す、伊達かねてより赤館といふ所に城をかまへ、合戦して鎌倉勢を追返

し、悉く討取ける、然ども近国の大勢重て馳向ひ、九月五日伊達打負、甲をぬき降参す、

【大膳大夫】大膳職の長官正五位上相当。

信夫郡の赤館は福島市飯坂町赤館。摺上川の南側は信夫郡に属す。

應永十九年八月廿九日【皇代歴】１４１２年

稱光天皇（中略）應永十九年八月廿九日受禪、同廿一年十二月即ニ位官廳一。

【受禪】前帝の譲位を受けて即位すること。

後小松は皇子の實仁親王（称光天皇）に譲位し、院政を開始。明徳三年（１３９２年）の南北朝合一の明徳の和約を反故にした。そのため、南朝方に与した伊達氏や懸田氏が反旗を翻し大仏ノ城（国衙）に楯籠った。

【鎌倉公方九代記　持氏軍記上】

伊達松犬丸揚レ旗

同二十年四月十八日、二階堂信濃守が飛脚と、信夫常陸介の早馬と、同時に鎌倉に参着して申しけるは、伊達大膳大夫入道が子息松犬丸、生年二十一歳、會津山中に隠れ居たりしが、家子郎従此処彼処より馳せ参り、懸田播磨守定勝入道玄昌を語らひ、近辺のあふれもの共を招き集めて、其勢五六百騎に及ぶ、大仏の城に閉籠り、百姓を

脅して、資財を掠め奪ひ、民家に乱入して、米穀を取運び、軍勢日に従ひて馳せ着く、漸く国中に蔓り候、城の要害極めて堅固に、切岸高く峙ち、小勢を以て攻干し難く候、早く討手を向はせられずば、災、大になり候べしとぞ告げたりける、持氏聞召し、畠山修理大夫義忠に、八千余騎を差添へ向はしめらる、既に城近くなりしかば、大手・搦手・同時に押寄せたりけれども、容易く攻上り難し、懲の事に、人数を損じては然るべからずとて、城の麓に陣屋を取固め、夜討の用心してぞ居たりける、城中之に気を屈して、ただ折々は、逆茂木の際まで下り立て、鬨の声をつくり、矢を射出し、敵を小引きて日を送りけり、斯くて十一月にもなりしかば、嵐に交わる時雨は、間なく時なく降りみ降らずみ、朝置く霜の霜柱、膚に徹りて凄じく、夕積む雪や雪霙、凍え渡りて堪へ難し、手屈まぬ薬もがなと、彼の北越の戦まで、思ひ合せて物わびしく、心細さは、限りなし、斯る所に、城中いかがしたりけん、俄に出火燃え出でて、折節吹荒ぶ嵐に、作り並べし小屋共、一時の間に焼けにけり、いかさま城中に、返忠の者ありけるかと、互に疑ひしが、四方の櫓は、堅固に防ぎて恙なし、寄手八千余騎、すはや城中の者共の、自滅するぞやとて、四方の軍勢一同に潜き連れて、攻上りしかども、懸田入道は、さすがに老功武勇のものにて、少しも騒がず、郎従に下知して、張置きたる石弓を切って放つに、寄手若干之に討たれ、むらむらになって引退く、其間に、火は既に鎮まりぬ、寄手も重ねて進み得ず、されども城中には、山の如く積み置きたる兵粮を焼き失ひ、とても此城を、持遂ぐべきにあらずとて、十二月廿一日、竊に城を落失せたり、松犬丸・懸田入道落失せたる上は、軍兵皆思ひ〳〵に、夜に紛れて落行く所を、寄手の兵追詰め〳〵、或は打伏せ切倒し、或は生捕り搦め取りて、首三百余を切懸けて、大将畠山を始めて、諸軍事故なく鎌倉に凱陣す、寄手の数を損ぜずして帰りしは、神妙なるに似たりと雖、永永の在陣に、さして仕出したる功もなく、城は自滅に落ちて、大将を討漏らしつることを、持氏いと無興し給ひければ、帰陣の首尾、何を以て取噺すべきこともなく、修理大夫は面目なく、暫し出仕を止め、閉門してこそ居られけれ、

伊達松犬丸等は国衙領の差配権回復を主張し陸奥国衙に楯籠った。

懸田定勝は両統迭立反故に抗議し松犬丸と共に国衙に立て籠った。

大仏ノ城は陸奥国衙であるから「城の要害極めて堅固に、切岸高く峙ち、小勢を以て攻干し難く候」この様に堅固な城郭であった。

観応の擾乱の時には畠山国氏も大仏ノ城に楯籠った。

『懸田史』に應永二十年入道定勝、大膳大夫伊達持宗松犬丸ト偕ニ、小倉親王ノ子良泰親王ノ為ニ、義兵ヲ挙ク。(19)

伊達松犬丸や懸田定勝等の「明徳の和約」反故に対する抗議行動である。

應永廿年十月廿一日【足利持氏軍勢催促状】１４１３年

伊達松犬丸幷懸田播磨入道以下輩以前振舞、雖罪科難遁、以寛宥之儀、被成御教書之処、猶以違背之間、為対治、所可有進発也、先来月十五日以前馳向、令合力二階堂信夫常陸介・同南倉増一丸、可抽戦功之状如件、

應永廿年十月廿一日　（足利持氏　花押）

白河三河七郎殿

應永廿年十二月廿九日【足利持氏軍勢催促状】１４１３年

伊達松犬丸幷懸田播磨入道以下輩、去十一日引退大仏城之由、二階堂信夫常陸介所注進也、以前雖被成御教書、于今令遅参云々、太不可然、所詮不廻時日、馳向、令合力畠山修理大夫、可抽忠節之状如件、

應永廿年十二月廿九日　（持氏判形　花押３０）

正長元年十月二日【満済准后日記】１４２８年

（〇上略）今日奥篠河殿幷伊達・葦名・白河・懸田・河俣・塩松石橋也以上六人、被遣御内書、伊勢守書之了、佐々河殿御書計ハ御自筆也、御文大都計申了、

正長元年（1428年）、称光天皇が危篤に陥ると、両統迭立を要求する後南朝勢力がにわかに活動の気配を見せたため、室町幕府将軍に就任することになっていた足利義宣（後の足利義教）は伏見御所にいた彦仁王を保護し、後小松上皇に新帝指名を求めた。

本来は皇統を継ぐ立場にはなかったが、傍系で三従兄弟にあたる称光天皇が嗣子を残さず崩御したため、皇位を継いだ。先帝とは八親等以上離れた続柄での皇位継承は南北朝合一を除くと五十三代（称徳天皇↓光仁天皇）以来658年ぶりであり、かつ南北朝合一時の「明徳の和約」（皇位は両統迭立とする）にも反するため、旧南朝勢力の激しい反発を招き、以後、約六十年にわたって南朝復興運動（いわゆる「後南朝」）が繰り広げられる引き金になった。

後花園天皇は足利義満の皇位簒奪未遂以降、皇権を回復した「中興の英主」されている。

【簒奪】帝位を奪いとること。

正長二年四月二十六日【満済准后日記】1429年

廿六日雨、奥佐々川御方へ、故勝定院殿（足利義持）御遺物五種（盆・香合・金襴三段・御刀・御太刀）被遣之、其外伊達・葦名・白川・塩松四人方へ御太刀各一腰被遣之、御使厳栖院僧也（以下略）

正長二年九月二日【満済准后日記】１４２９年

二日。晴。辰始石橋左衛門佐入道為御使来云々。対面処。自奥注進一昨夕及秉燭令持参披露処。事次第先御祝着之由被仰出候。次此御注進状等。此門跡へ令持参。早々可入見参之由被仰出間。自暁天罷出云々。次今日早々可有御出京由。可申入旨被仰出云（々）。誠此御注進之趣旁以珍重候。忩々可参申入旨申了。已初出京。則参御所御対謁。一昨日自細川中務少輔方進之。自佐々川御注進。幷奥国人伊達・葦名・白川以下十余人請文等持参之。入見参了。

【門跡】皇子・貴族などが住職の寺の呼び名。【秉燭】手に灯火を持つこと。

永享二年四月二日【満済准后日記】１４３０年

今日條々諸大名ニ御談合事在之、一ニハ小倉宮参洛可為近日由、頻自彼方懇望也、面々相談。早々参洛尤可宜歟之旨、先別而被仰談畠山也、召遊佐仰付了、一ニハ伊勢國司御免事。去年以来歎申入也。可為何様哉。且面々意見可被尋聞食歟如何。一ニハ去年八月十五日畠山當職時。八幡中土蔵合錢本主方へ不可遣由。御教書被成之了。奉行飯尾備前守也。何様事哉。尤御不審千萬。委細可申入云々。畠山御返事。小倉宮御入洛事早々尤宜在候。御料所定間ハ諸大名為國役可致其沙汰由舊冬申入了。如然可仰付管領歟。御出立用脚萬疋等事。以此支配内可被進也。此等儀公方様ハ不被知食。管

領相計進様儀尤可宜云々。（以下略）

【国役】平安時代から南北朝時代にかけて朝廷及び国衙が諸国に課した雑役・一国平均役などの課役のこと。転じて室町幕府が守護大名及び諸国に課した段銭などの課役、及び守護大名が独自に領国に対して賦課した課役のこと。【舊冬】昨冬。

御料所（諸国の国衙領）の定めは諸大名が行なう國役と作冬に申し入れた。明徳の和約で諸国の国衙領は悉く大覚寺党の領地とする儀を関東公方様はご存じない。畠山管領が相談し儀を進める。

永享三年十月十九日【満済准后日記】１４３１年
自管領以飯尾加賀守、同大和守申、小倉宮御月俸毎月三千疋事、諸大名寄合可致其沙汰也、十二月御越年分二萬疋可致す其沙汰云々、但當年十二月二萬疋用脚は、去年以來諸大名進小倉宮千貫未進也、

【用脚】銭（ぜに）。また、必要経費。費用。

国衙領年貢が満足に小倉宮に届いていない。

享徳元年（１４５２年）、室町幕府の管領が畠山持国から細川勝元に代った。勝元は鎌倉公方に対して厳しい姿勢をとり、関東管領の取次がない書状は受け取らないと言い渡した。「鎌倉公方」の当初の正式な役職名は「関東管領」であり、上杉氏は「執

事」であったが、やがて執事家が関東管領となり、本来の「関東管領家」が「鎌倉公方」となった。(20)

享徳の乱（享徳三年十二月二十七日（1455年1月15日）―文明十四年十一月二十七日（1483年1月6日））は、室町幕府八代将軍・足利義政の時に起こり、二八年間断続的に続いた内乱。第五代鎌倉公方・足利成氏が関東管領・上杉憲忠を暗殺した事に端を発し、室町幕府・足利将軍家と結んだ山内上杉家・扇谷上杉家が、鎌倉公方の足利成氏と争い、関東地方一円に拡大した。

永享四年二月廿九日【満済准后日記】1432年

早且出京、参室町殿、（中略）先両人（畠山。山名）意見相尋。今日立帰可申入云々。畠山方へハ召寄遊佐河内守仰旨申遣。戴状可進之由申了。山名方へ召山口遠江守同仰次第申。載書状可申入れ旨申遣了。畠山状取要大内刑部少輔方へ。只今御返事ニハ談合諸大名。可被仰下旨先被仰遣。其間ニ國時宜能々可被聞食合歟云々。山名状取要自筆委細也。大内刑部少輔事。被加御扶持候へトモ。又御扶持ヲ放シ候へトモ難申入候。乍去先石見國人等中へ被成御奉書。大内刑部少輔手ニ属。可致忠節由被仰下。刑部少輔ヲモナクサメラレ候へキカ。御奉書ハ御内書。御教書ニハ。カハリ候へキ間。

後日御沙汰為モ不可有苦歟ト云々。（中略）
其次小倉宮月捧。諸大名令結番。毎月三千疋。去年以來可致其沙汰旨領掌申處。一向面々無沙汰。已可及餓死哉之由。小倉宮状ヲ以テ被歎申也。嚴密為管領面々方へ。可申付旨被仰旨、申遣管領了。
中始ヨリ雷鳴。今月中臨時将軍御祈。愛染護摩同供巻二枝。状相副了。

明徳の和約によれば、諸国の国衙領は悉く大覚寺統の領地とされた筈であるが、両統迭立なども同様に反故にされていた。南朝方（大覚寺統）に与していた伊達氏一族の伊達政宗は大膳大夫に任じられ陸奥国衙領の差配権を得たが鎌倉府方に攻められ甲を脱いだ。しかし、応永二十年（１４１３）に伊達松犬丸、懸田入道定勝と共に陸奥国衙（大仏ノ城）に立て籠もった。松犬丸は国衙領差配権回復、両統迭立を掲げ鎌倉府に反旗を翻し陸奥国衙に立て籠り、内部出火で焼失させたにも拘わらず、鎌倉府は誅伐せず、室町幕府四代将軍足利義持は偏諱《へんき》が与え伊達持宗と名乗り、伊達政宗と同じ官職の大膳大夫に任ぜられている。
本来ならば、伊達氏は小倉宮月捧を結番で負担する立場であった。諸大名も無沙汰である。

（歴史地理第七十五巻第二号　建武中興と國衙領　田村）引用

『果たして諸國々衙が大覺寺統の御管領に歸したかどうか。この後足利幕府が合體條件を履行せず、皇位継承が持明院統に限定せられ、その為に大覺寺統皇親に悲壮なる御企が度々あつた事は今更申までもない。而して國衙領が大覺寺統の御管領に歸した事實も全く見られないのである。實際は後龜山天皇以下大覺寺統の方々は極めて僅少の御領を有せられたに過ぎず、諸國々衙領は或は公家に、或は社寺に領有せら固定して微動だにしなかつたのである。而して之等国衙領も應仁の亂に至と概ね消滅するが、中には周防の如く幕末明治維新に至つたものもある。』

結局、国衙領差配権を得たにも拘わらす、国衙年貢を大覚寺党へ納めなかった。

永享六年二月二十五日【満済准后日記】１４３４年

早且出京、参室町殿、（中略）次小倉宮得度事、以御書被尋仰之間、定可為近日歟之由申入了、戒師事、海門和尚歟

【得度】剃髪して仏門に入ること。出家。

寛正元年四月二十一日【足利義政御内書案】１４６０年

成氏對治事、度々被仰之処、于今遅々何様子細哉、所詮相催軍勢、不廻時日可致進発候、難渋之族者可有交名注進候也、

（寛正元年）四月二十一日　御判

松寿殿塩松殿事也

二本松七郎殿

二本松七郎殿は畠山国詮の子、満泰。

寛正元年十月廿一日【足利義政御内書案　続群書類従二三下・後鑑】1460年

成氏刑罰之事、度々被仰遣之処、依永確執、未出陣之由、被聞食候、所詮不落居間者、閣諸篇之儀、不日相催一揆等、令進発、抽戦功者、可行勧賞候也、

十月廿一日　御判

伊達大膳大夫入道殿　俗名持宗法名円宗

XIV 伊達稙宗奥州守護職

寛正五年四月十五日【臥雲日件録】1464年

十五日、姉小路聖寿院坊主尋、対面、話次及奥州伊達事、蓋聖寿院坊主一族、亦伊達庶子而為宗領所滅、凡領三十六郡、昔奥州一国、領三千騎兵者七人、伊達其一也、今伊達、独有七千騎、伊達山蔭中将之裔也、中将蓋謫于此地也、伊達参伊勢・熊野、因入京、聖寿院与之会面、歳五十七矣、又曰、鎌倉頼朝、依譏与弟九郎判官有、判官憑伊達秀平（藤原秀衡）到奥州、遂為之所害、後頼朝代、伊達秀平、是時山蔭中将一族七八十人同心、夜中竊入城殺敵、由是勛功、而得其地三十六郡、爾来属鎌倉、至永安寺代（足利氏満）逃鎌倉去帰国、故永安寺殿三度征伐、初十六万騎、次十七万騎及十八万、然不得平之、鹿苑院殿代属京、于今如此云々、郡中寺庵三百余有之、就中東生寺以下凡五ケ寺、皆為韶陽門徒、伊達為之旦那、東生乃衆二百人、其余或百人、乃至五六十人也、住東生者、被黄衣云々、

【臥雲日件録】相国寺の瑞渓周鳳の日記。七十四冊（現存は一冊）。1446年から73年までの記録で、社会情勢だけでなく禅宗・学芸史料にも富む。【蓋】けだし。思うに。おそらく。【裔】すえ。血すじのすえ。子孫。【謫】官職を下げて遠方へ追放する。流刑にする【譏】そしる。人をおとしいれようとして（目上

の者に）告げ口をする。中傷。【憑】よりかかる。たよりとする。たのむ。【竊】ぬすむ・ひそか【勛】君主や国家のために尽くした功績。てがら。

『伊達庶子而為宗領所滅、凡領三十六郡、昔奥州一国、領三千騎兵者七人、伊達其一也、今伊達、独有七千騎、伊達山蔭中将之裔也、中将蓋謫于此地也』

伊達庶子（妾腹の子）そうして為宗は所領を減らし、およそ三十六郡を領した　昔、奥州一国、三千騎兵を領したものが七人　伊達は其の一つなり　今　伊達は独自に七千騎　伊達山蔭中将の末裔なり　中将は官職を下げ遠方に追放されこの地全体を手に入れた

史料上、山蔭中将が官位を下げ、陸奥国に配流された記録はない。官位を上げ参議に叙任されている。

藤原山蔭が陸奥国に下向した記録もない。

姉小路聖寿院坊主は藤原山蔭、藤原秀衡、伊達、聖寿院坊主を一族の如く荒唐無稽な説を吹聴した。

信夫庄鳥和田村（福島市鳥渡）の日枝神社や観音寺を藤原山陰中将開基したと伊達持宗が書き残しているが事実無根である。

応仁の乱、室町時代中期の応仁元年（１４６７年）に発生し、文明九年（１４７７年）までの約十年にわたって継続した内乱。室町幕府管領家の畠山氏と斯波氏それぞれの

家督争いに端を発し、足利将軍家の後継者問題も絡んで幕政の中心であった細川勝元と山名宗全の二大有力守護大名の対立を生み、幕府を東西二つに分ける大乱となって、さらに各々の領国にも争いが拡大するという内乱となった。十一年に亘る戦乱は、西軍が解体され収束したが、主要な戦場となった京都全域が壊滅的な被害を受けて荒廃した。応仁はわずか三年で文明へと改元された。そのため、近年では「応仁・文明の乱」と称されることもある。

文明十五年十月十日【実隆公記】１４８３年

奥州伊達在衡公後胤今日上洛、馬数百疋引之上洛云々、

藤原在衡は藤原山蔭の孫。伊達氏の先祖を藤原山蔭とする説を三条西実隆に信じさせた。

大永五年八月廿七日【富松長久書状　伊達文書】１５２５年

急度以飛脚注進令申候

仰先年奥州守護職事、資福寺上洛之時、御望之由被仰出候間、可然様ニ申調候而給之由被申候条、種々苦労を仕、申調下申候処、于今其不及御沙汰候条、事外御屋形被失御面目候之由被仰、私罷下、急度可申届之由被仰出候へ共、年罷寄候間、御詫言を

申上、窪左衛門三郎下進之候、当年中ニ、早々御礼御申可為肝要候上意江了（聊）を為申上候由被仰候て、事外御屋形御腹立以外候、、私迷惑此事候、若此年月中之様ニ、於御無沙汰者、上意之時宜、可相替候、為御心得、急度致注進候、右様ニ候へハ、近国他国御聞、中〳〵不及申哉、先々如前々、松岡土佐守方被上洛、御国を御請取、御下知可有御給候、未奥州守護式（職）、秀衡已来、御国を被下候人無御坐候、於末代、御面目不可過之候条、為其御屋形、伊勢守殿、以御状御申候、急度此等之趣、可有御披露候、巨細猶此使者可申候、毎事可得御意候、恐々謹言、

大永五年八月廿七日　和泉守氏久（花押）

謹上　牧野安芸守殿

陸奥国お請け取りの御下知を給わりました。いまだ、藤原秀衡陸奥守以後、陸奥在国人で陸奥守（奥州守護職）に任じられた方はあなた以外おられません。

伊達氏は悲願の奥州（陸奥）守護職補任の知らせを受けた。

伊達稙宗は天文の乱（稙宗・晴宗父子内紛）を起こし、守護職を解任される。

天文十七年（カ）五月三日　１５４８年【足利義輝御内書　伊達文書】
対父稙宗、鋒楯未止之由、其聞候、於事実者、以外不可然候、急度可和睦事、外聞実儀簡要候、猶委細（大館）晴光可申也、
（天文十七年カ）五月三日　足利義輝（花押）
伊達右京大夫とのへ
（包紙うわ書）（義昭は義輝の誤り）「足利義昭公御内書幷ニ大館氏奉書」（同裏封目）
（印）（〇の印文に「吉村」とあり）　伊達吉村（花押）

天文の乱の後、伊達稙宗の奥州守護職は解かれ守護代が置かれる。

足利義輝御内書【伊達文書】
奥州守護代事、申付桑折（貞長）播磨守・牧野弾正忠（久仲）両人条、可存其旨事肝要候、為其、差下考阿候、猶晴光可申候也、
九月廿四日（足利義輝）（花押）
伊達左京大夫（晴宗）とのへ
（折封うわ書）「伊達左京大夫とのへ」
（包紙）「奥州守護代之儀被仰下義輝公御内書

大館陸奥守源晴光奉書

【大舘氏】は足利氏と同族の新田氏支族であり、代々室町幕府の重職を務めてきた家柄で、父は有職故実の専門家として知られていた。また、姉（または妹）が将軍足利義晴の側室であった事から足利将軍家の覚えもめでたく、永禄二年（1559年）には従四位下に叙せられ、左衛門佐・上総介・陸奥守などを歴任した。

天正十八年八月九日【浅野長吉長政禁制　伊達文書】1590年
杉の目村之内、一構（構）の所、政宗うは居住の儀ニ候間、陣取之儀、可在御用捨者也、
天正拾八　八月九日　浅野彈正少弼（花押）
杉の目城は大仏の城（旧国衙）、北条氏一族支配の痕跡を消すため名称を変えたと考えられる。

天正十九年二月廿五日【伊達政宗書状　浅野文書】1591年
尚々永井相違仕候へ者、家中之第一ニ迷惑仕事ニ候、屋作普請も罷成間敷候、然時者心ならす御奉公如在之様ニ可思召候、今日然者菟角不被仰出候、御懇之衆へ御状を

御のほせ可給候、此方にてハ、貴殿仕御理、冨田左近（信広）殿頼申候、又薬院（全宗）も別而御懇ニ候、是も貴殿御才覚故ニ候、弓矢八幡毎日共ニ、貴殿御事存知たる事、無御座候、さて〳〵約束申候せんべい者、はや参候や、御きにあい申候や、御ゆかしく候〳〵〳〵、以上、

追而申入候、今般葛西・大崎被下候、過分之至候、此為替地与、本領之内会津拘近所ヲ、五・六郡進上仕候へ由、内々　御詑ニ候、未御地分者御座候、進上可申所、田村・塩松・信夫・小野・小手、此通ニ候、自然在所長井抔へ被入御手候てハ、進退相果分ニ候、殊屋敷被下、半普請ニくハたち申候刻、若在所なと移申ニ付而者、萬可為迷惑候、以御分別、御心得御最ニ候、恐々謹言、

（天正十九年）二月廿五日　　政宗（花押）

（切封うわ書）「浅野彈正様　　羽柴侍従

人々　　　　政宗　」

この年秋、長井・伊達・信夫・田村・刈田・安達は没収され、政宗は岩出山へ移封された。

XV　多賀国府説は江戸時代に創作されたと考えられる

伊達政宗（十七代）は豊臣秀吉の総無事令に触れ陸奥旧国衙「杉の目城」と旧領地を没収され岩出山へ移封された。関ヶ原の戦い時に上杉軍の関ヶ原参戦妨害の功を挙げたが、徳川家康は信夫郡領有を認めなかった。

陸奥国衙・国衙領奪還は果たせなかったが、陸奥守護職、陸奥守補任は伊達家の悲願であった。

江戸幕府成立以降は、大名や旗本、一部の上級陪臣が幕府の許可を得た上で、家格に応じて国司名を称することが行われた（武家官位）。

伊達氏は陸奥守と称す事を許された。十訓抄に陸奥守の館は国衙から百町程の所にあったと記されていた。伊達陸奥守の居館から百町程の所に古代陸奥国府があったとして、伊達陸奥守の権威高揚をねらったと考えられる。

続日本紀宝亀十一年の条の「其城（多賀城）国司治所」を引用し国司の治めた城であるから、多賀城を古代陸奥国府と強弁した。地元の古老に多賀城跡の場所を訊ねたが分からなかった。伊達氏の居館から百町程の遺跡を多賀城国府跡としたが証拠はなかった。多賀城碑出土を根拠に多賀城跡と強弁した。

多賀城碑は江戸時代から偽物説があったが、万人を納得させる根拠を示すことができなかった。近年も、碑が埋もれていた穴跡が発見され碑は建立当初より置かれていたと主張し真作説を強めている。

しかし、碑文を続日本紀に照らし合わせると多賀城碑文は時系列的に整合しなかった。神亀元年に大野東人は按察使や鎮守将軍に任ぜられていない。大野東人が多賀柵に行ったのは天平九年、神亀元年より十三年後である。多賀柵が多賀城に改修されたと考えると時系列矛盾が生じた。

続日本紀によれば、多賀柵は出羽国雄勝村から百六十里（約８０Ｋｍ）の賀美郡部内にあった。

宝亀十一年、多賀城が逆賊に侵略された後、大伴家持は名取以南十四郡から離れた多賀、階上に権（仮）郡を置くことを提言した。つまり、多賀城は名取郡から遠く離れた賀美郡部内にあったことを史料上から明らかにした。

多賀城改修記念碑が当初から名取郡近くに設置される道理がない。碑文にも時系列矛盾があることを勘案すると多賀城碑は江戸時代に作られた偽物と考えられる。

また、安本美典著『真贋論争「金印」「多賀城碑」揺れる古代史像、動かぬ真実は？』においても【多賀城碑】は江戸時代初期の偽物と断言されている。

多賀城研究は多賀城碑文や多賀城碑出土地の出土物に基づき考古学的に推理された

ものであり、文献学的検証はされていない。伊達藩関係学者に配慮し文献学的検証を行わなかったと推察される。

歴史は人類社会の過去における変遷興亡のありさまの記録であるから、伊達藩の事情で歪曲してはならないと思う。もし、伊達氏が信夫郡奪還できていたなら多賀国府説は創作されなかったと考えられる。

おわりに

大同五年五月十一日の太政官符「一應レ春二運按察使幷国司鎮官年粮一事」から陸奥国衙の所在地を信夫郡と仮定し六国史等を解釈したが矛盾しなかった。したがって、古代・中世陸奥国府（国衙の所在地）は信夫郡であったと言える。

陸奥国の歴史研究は江戸時代に発見された多賀城碑と吾妻鏡文治五年八月の条に「多賀国府」とあることから多賀国府の考古学的発掘調査が行われ、平安時代末期より一世紀以上前に廃絶された可能性が確認されているにも拘わらず、多賀城に関する文献学的検証は為されていない。はたして、陸奥国衙（国府）は平安時代末期以前に廃絶されたのだろうか。国司の補任記録を調べると他の諸国と同様に八世紀初頭から鎌倉時代末期まで陸奥守補任記録が存在し、陸奥国衙は鎌倉時代末期まで存続していた証拠である。

六国史全文を対象にキーワード「多賀」で検索し関係文すべてを調べたが、多賀城を国府とする記述は存在せず、弘仁六年の太政官符「一分レ番令レ守二城塞一事」に「胆沢城七百人　兵士四百人　健士三百人　玉造塞三百人　兵士百人　健士二百人　多賀城五百人　並　兵士　右城塞等、四道集衢、制レ敵唯領、儻充二臣所一レ議、伏望、依レ件分配、以前奉レ勅、陸奥国司奏状如レ前、具任レ所レ請、逾勤二兵権一、不レ可二簡略一、」とあり、多賀城が北辺の城塞の一つであることが明記されており、多賀城は陸奥国衙（国府）ではなかった。

多賀城を陸奥国衙（国府）する説は瓦解した。

多賀城碑や東鏡の「多賀国府」は意図的に江戸時代に捏造されたものと考えられた。

六国史を根拠に陸奥国の歴史を明らかにするため執筆した。

参考文献等

(1) 宮城県多賀城跡調査研究所
(2) 『日本書紀』『続日本紀』『日本後紀』『続日本後記』『日本文徳天皇実録』『日本三代実録』
(3) 『多賀城市史』1(原始・古代・中世)
(4) 宮城県公式Webサイト
(5) 西暦775年に宇宙環境の大変動が起きていた
(6) 宮城県丸森町耕野町「風土記資料」
(7) 「光明寺村誌」『国見町史』4六八〇頁
(8) 地理院地図
(9) 京都市上京区役所:上京区の成立
(10) 「奥六郡」と呼ばれた岩手
(11) 『中国少数民族事典』(東京堂出版 2001年)
『涼山彝族の言語と文字』(三重大学出版社 2011年)
(12) 信達一統志 福島市史資料叢書 第30輯 5頁
(13) 太平記/巻第二十九
(14) 『二本松市史』第3巻(資料編1原始・古代・中世)

(15) 村田正志著作集第一巻　増補南北朝史論　思文閣出版168〜169頁
(16) 棚倉町史第二巻（447〜448頁）「紗弥賢雄書　赤坂文書」
(17) 『国史大辞典　第13巻』　吉川弘文館　国史大辞典編集委員会（編）
(18) 『福島県史』第1巻　原始・古代・中世通史編1
(19) 『福島市史』史料編
(20) 『神奈川県史資料編3古代・中世3下』No．6158収録

〈著者紹介〉
山田 久夫（やまだ ひさお）
1964年、栃木県生まれ。
東北大学医学部所属エックス線技師学校卒業。診療放射線技師。
福島県立医科大学付属病院放射線部勤務。2006年定年退職。

陸奥国《むつのくに》古代《こだい》・中世史《ちゅうせいし》解明《かいめい》

2023年11月30日　第1刷発行

著　者　　山田久夫
発行人　　久保田貴幸

発行元　　株式会社 幻冬舎メディアコンサルティング
〒151-0051　東京都渋谷区千駄ヶ谷4-9-7
電話　03-5411-6440（編集）

発売元　　株式会社 幻冬舎
〒151-0051　東京都渋谷区千駄ヶ谷4-9-7
電話　03-5411-6222（営業）

印刷・製本　中央精版印刷株式会社
装　丁　　村上次郎

検印廃止

ISBN 978-4-344-94442-8 C0095
幻冬舎メディアコンサルティングＨＰ
https://www.gentosha-mc.com/